Reinhard
Osteroth

HOLZ
Was die Welt
zusammenhält

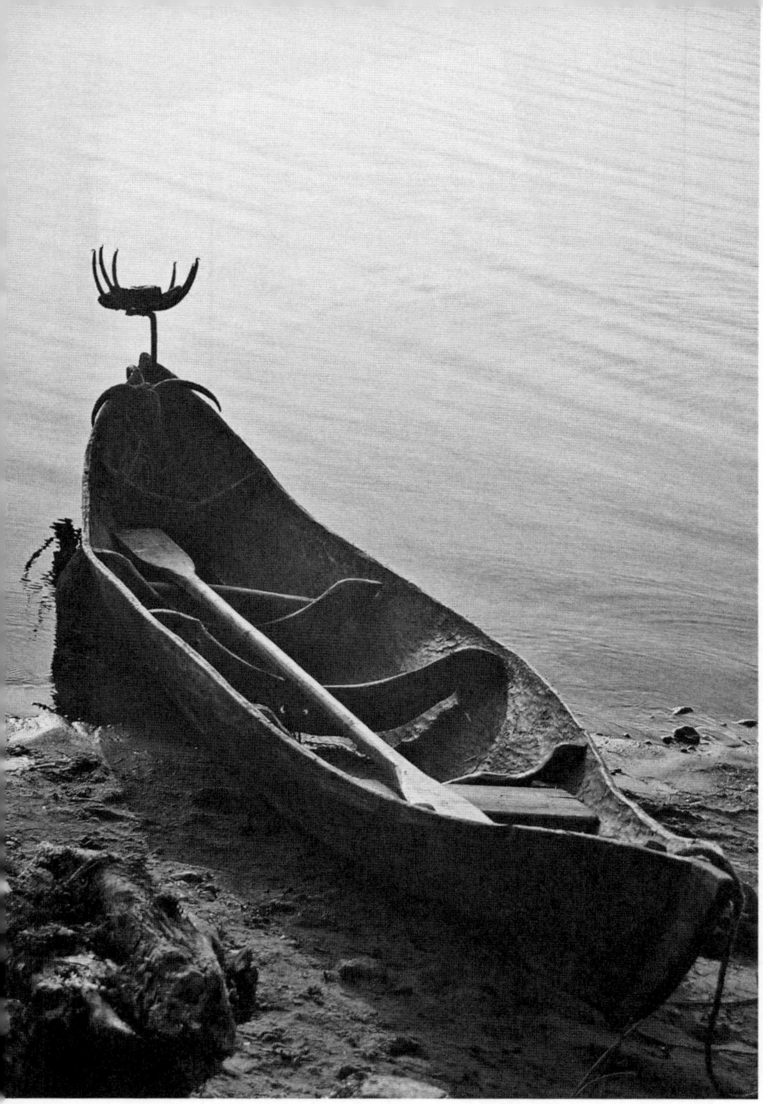

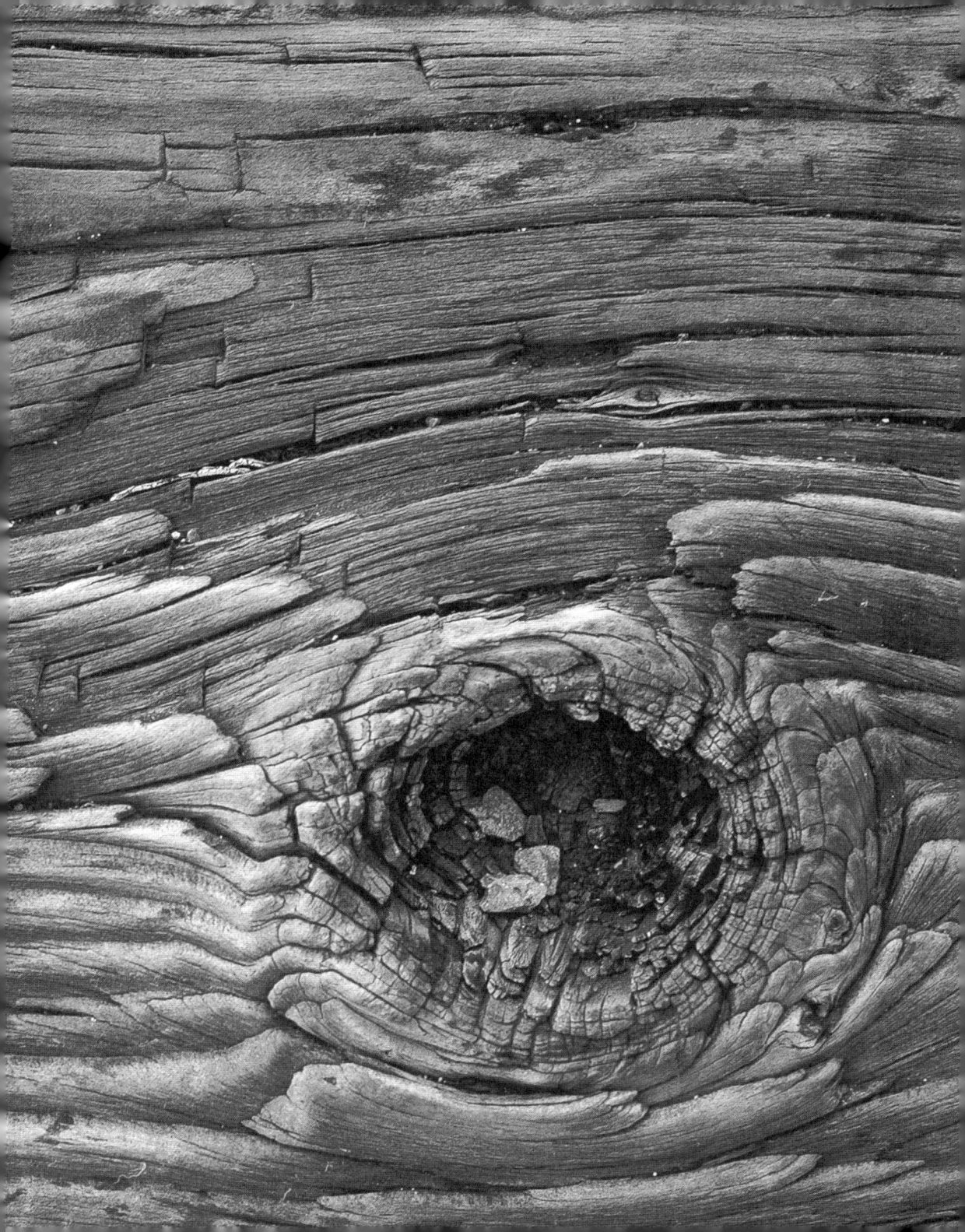

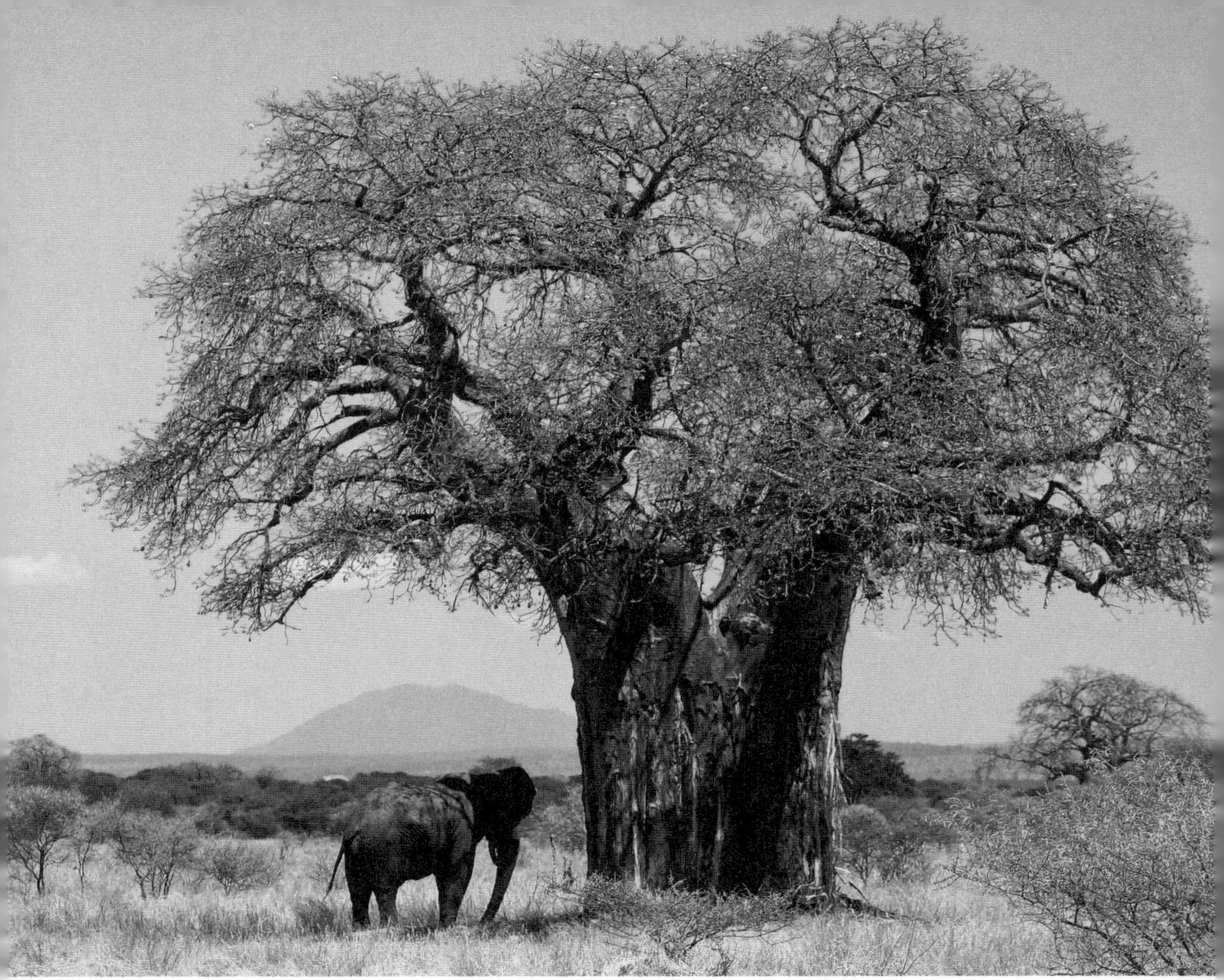

**REINHARD OSTEROTH**

# HOLZ
## WAS DIE WELT ZUSAMMENHÄLT

Mit Illustrationen
von Moidi Kretschmann

Bloomsbury
Kinderbücher & Jugendbücher

FSC MIX
FSC® C022120

© 2011 Bloomsbury Verlag GmbH, Berlin
Alle Rechte vorbehalten
Umschlaggestaltung: Rothfos & Gabler, Hamburg,
unter Verwendung von Fotografien
von © plainpicture/RAMA und Frithjof Hirdes/Corbis
Typografie & Gestaltung: Manja Hellpap, Berlin
Gesetzt aus Parable, AlWood, Ballpark Weiner, Rennie Mackintosh
Druck und Bindung: Tlačiarne BB, Banská Bystrica
Printed in the Slovak Republic
ISBN 978-3-8270-5449-4

www.bloomsbury-verlag.de

BLOOMSBURY
LONDON · BERLIN · NEW YORK · SYDNEY

# INHALTS VERZEICHNIS

Eigentlich ist alles aus Holz .................... 11

**1 DIE KOMMODE -1-** ............................ 13
Fundstück: Liebe auf den ersten Blick

**2 HÜTTEN, FACHWERK, NEUE HÄUSER** ........ 17
Holz als Baustoff

**SEITENBLICK: FACHBEGRIFFE** .................. 26

**3 *Baum und Wald* –1–** ............................ 28
Die Eiche: Wachstum von den Wurzeln bis zur Krone

**4 VOM LAGERFEUER BIS ZUM PELLET** ........ 35
Holz als Brennstoff

**5 DIE KOMMODE -2-** ............................ 44
Spachtelarbeit: Der Lack muss ab

**SEITENBLICK: REKORDE** ........................ 48

**6 STÜHLE, TISCHE, SEKRETÄRE** ................ 50
Stabile Diener, durchdachte Schönheiten

**7 REISSER, SCHNITZER UND SKULPTUREN** ...... 59
Holz und Kunst

**8 *Baum und Wald* – 2 –** ........................ 70
Die Eiche: Wachstum bis ins hohe Alter

**9 LAUFENDE METER RUND UM DIE UHR** ........ 78
Ein Besuch im Spanplattenwerk

**SEITENBLICK: PAPIER** .................... 90

**10 AUF HOHER SEE** .................... 92
Holz auf dem Wasser und im Packeis

**11 DIE KOMMODE -3-** .................... 104
Unter Folie: Der Wurm ist tot

**12 DER TON MACHT DIE MUSIK** .................... 108
Klangwunder aus Holz

**SEITENBLICK: REDEWENDUNGEN** .................... 118

**13 *Baum und Wald* -3-** .................... 120
Die Eiche: Wälder und Klimawandel

**SEITENBLICK: GLAUBE UND MEDIZIN** .................... 128

**14 DAS PROTOKOLL DER HÖLZER** .................... 130
Jahresringe als Zeitmesser und Klimazeugen

**15 DIE KOMMODE -4-** .................... 137
Verleimen, beizen, lackieren: fertig!

**SEITENBLICK: HOLZZERTIFIKATE** .................... 142

Zum Schluss: Wie man anfangen kann .................... 144

Danksagung .................... 147

# EIGENTLICH IST ALLES AUS HOLZ ...

... die ganze Welt. Ohne Holz wäre alles nichts. So denkt natürlich nur einer, der gerade ein Buch über Holz schreibt. Dass das Holz ein Material ist, über das sich viel erzählen lässt, das weiß man vorher, sonst würde man ja kein Buch darüber schreiben wollen. Dass man aber so viel entdeckt und immer noch mehr erzählen könnte, das ist dann doch eine Überraschung.

Richtig, die Welt besteht nicht nur aus Holz. Feuer, Wasser, Luft und Erde, daraus ist die Welt gebaut, sagten die griechischen Philosophen. Moleküle, Atome, Neutronen und Neutrinos, Quarks und Higgs-Teilchen, sagt die moderne Physik. Kann man aber nicht anfassen. Gesteine, Metalle, Leder, Glas und all die Kunststoffe, die uns heute umgeben, es gibt viele Stoffe, die unsere Welt zusammenhalten und mit denen wir alltäglichen Umgang haben. Doch das Holz ist uns schon immer besonders nah gewesen. Und mehr denn je wird es wieder als Material der Zukunft betrachtet: Holz ist ein nachwachsender Rohstoff, Holz spart Energie, das Holz der Welt ist ein riesiger Kohlenstoffspeicher.

Ob Lagerfeuer oder Kamin, Holz sorgte für Wärme. Ob Zelt oder Hütte, Holz schützte vor Wind und Wetter. Ob Einbaum, Galeere, Floß oder Kogge, Holz machte Flüsse und Meere zu Verkehrswegen. Ob Flöte oder Geige, Holz war Wohlklang. Ob Bett, Tisch oder Stuhl, mit Holz begann die Geschichte des Wohnens. Ob Pflug, Bierfass, Pferdewagen oder Dreschflegel, mit Holz begann das Wirtschaften. Und am Sonntag stand man andächtig vor den geschnitzten Heiligen des Altars oder tanzte unter der Linde.

Dieses Buch erkundet den Stoff, der auf den Menschen zugeschnitten ist und ihn immer wieder auf neue Ideen brachte. Es erzählt von der Nutzung des Waldes bis hin zum weltweiten Holzhandel und seinen Auswüchsen, von den Entwaldungen einst und jetzt. Es erzählt vom Sägen, Beizen und Lackieren, es besichtigt Möbelträume, es bringt eine alte Kommode zu neuem Glanz, es schaut einem Baum beim Wachsen zu, es verfolgt, wie eine Spanplatte entsteht, und liest in den Jahresringen.

Die Bäume wachsen nicht in den Himmel? Wir werden sehen.

**NEHMEN WIR DAS HOLZ IN DIE HAND ...**

# DIE KOMMODE -1-
## FUNDSTÜCK: LIEBE AUF DEN ERSTEN BLICK

»Halt mal an, halt mal an«, rief ich, und mein Vater trat auf die Bremse. Hinter uns gleich lautes Gehupe.
»Was ist denn los?«, fragte mein Vater.
»Dreh mal um, ich hab was entdeckt, da hinten, auf dem Sperrmüll.«
»Ach du Schreck, das ist nicht dein Ernst?«
»Doch«, sagte ich, »dreh mal um.«
Als ich meinem Vater meine Entdeckung zeigte, sagte er nur: »Nee, oder?« Aber ganz so entsetzt schien er nicht zu sein.
»Können wir die nicht einpacken?«, fragte ich.
»Erst mal angucken«, sagte mein Vater und beugte sich über das Ding: »Na ja.«
»Sieht doch noch gut aus«, setzte ich nach.

Was ich da auf dem Haufen entdeckt hatte, war eine alte Kommode. Eigentlich weiß ich bis heute nicht, warum sie mir so ins Auge stach. Ich wollte aber schon länger so ein Ding haben, für meine Sportsachen. Und ich wollte keine neue, sondern lieber ein schönes altes Teil aus Holz. Ähnliche Kommoden hatte ich schon öfter auf dem Flohmarkt gesehen. Die sahen toll aus, die Maserung und der matte Glanz, richtig edel. Aber billig waren sie nicht. »Steckt ja auch viel Arbeit drin«, sagten meine Eltern. Dass ich gern so eine haben wollte, traute ich mich gar nicht zu sagen.

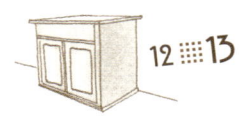

Die Kommode auf dem Sperrmüll war weiß lackiert. Aber das schöne Holz darunter würde ich schon freilegen. Sonst gefiel sie mir gut. Oben war ein großer Schubkasten. Darunter hatte sie zwei Türen, sogar der alte Schlüssel steckte noch drin. Da gehörte eigentlich ein Einlegeboden hinein, aber der fehlte.

»Papa, die mache ich mir zurecht«, sagte ich entschieden, um jetzt keine lange Debatte mehr aufkommen zu lassen. »Na gut, laden wir sie ein«, sagte er. Kein Problem, mein Vater hatte einen Kombi. Das alles dauerte keine fünf Minuten, und schon waren wir auf dem Weg nach Hause. Rückkehr von erfolgreicher Schnäppchenjagd, ich war zufrieden und sah mich schon sägen und schleifen. Mein Zimmer würde sich verwandeln.

»Was schleppt ihr denn da an«, rief meine Mutter, als sie uns beim Ausladen meines neuen Möbelstücks erwischte.

»Eine Kommode«, sagte mein Vater, »Baujahr 1928.«

»Aber die wollt ihr jetzt nicht ins Haus tragen?«

»Nee, nee, sie kommt in die Garage, muss erst mal trocknen.«

So machten wir es. Mein Vater sagte: »Morgen schauen wir sie uns mal genauer an.« Ich hatte ihn wohl schon auf meiner Seite. Was gar nicht schlecht war, denn ein bisschen Beratung und Hilfe konnte ich gut gebrauchen. Ich hatte zwar schon öfter mit Holz gewerkelt, aber so eine Restaurierung machte ich zum ersten Mal.

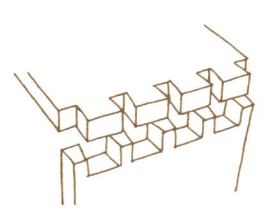

Als ich am nächsten Tag aus der Schule kam, fing ich gleich an. Auf dem Hof stellte ich das alte Möbel auf zwei Böcke. Dann machte ich es sauber und wischte alles mit Spülwasser ab. Schon mal ein erster Fortschritt. Später kam mein Vater dazu, und wir guckten uns die Kommode genauer an. Im Inneren war das alte, abgedunkelte Holz zu sehen. »Ich glaube, das ist Kiefer«, sagte mein Vater. Aber wir entdeckten jetzt auch viele kleine Löcher im Holz. Vom Holzwurm. Nicht so schlimm, meinte mein Vater: »So ein altes Stück wird durch Wurmlöcher geradezu geadelt. Außerdem gibt es viele Rezepte gegen den Holzwurm.«

Schön und stabil: Holzverbindung mit Schwalben und Zinken

Die Deckplatte der Kommode saß nur noch locker auf dem Gestell. Sie war merkwürdig lackiert, weiße und dunkelgraue Wolken, als hätte sich einer viel Mühe gegeben, das Holz wie Marmor aussehen zu lassen. Früher gab es das oft, erklärte mein Vater. Mit speziellen Anstrichtechniken ahmten die Maler andere Materialien nach, Marmor oder auch Holzmaserungen. Eigentlich ganz lustig, aber der Anstrich war nicht mehr schön, und ich wollte ja das echte Holz wieder sichtbar machen. In der Deckplatte gab es vier Bohrlöcher. »Da war sicher mal ein Aufsatz drauf«, meinte mein Vater, »vielleicht war deine Kommode ganz früher auch mal eine Wickelkommode für Babys. Wenn man genau hinschaut, können alte Möbel ihre Geschichten erzählen.«

Die Möbelfüße sahen ziemlich verrottet aus, da war der Lack ganz abgeplatzt. Und offensichtlich besaß der Holzwurm hier sein Hauptquartier. Vermutlich hatte meine Kommode lange Zeit in einem feuchten Keller gestanden. Das mag der Wurm. Interessant war der Boden der Schublade. Zwei große Kleckse darauf, einer rot, einer schwarz. Sah aus wie ausgelaufene Tinte, da schien mal jemand seine Schreibutensilien untergebracht zu haben. »Hier guck«, sagte mein Vater, »Schwalbenschwanzverzinkung.« Offensichtlich ein Fachbegriff für Kenner, hatte ich noch nie gehört. Aber ich wusste gleich, dass er die Verbindung zwischen den Seiten und der Schubladenfront meinte. Das erinnerte wirklich an Schwalbenschwänze.

Was war zu tun? Eigentlich alles, wenn man es sich recht überlegte. Und wie beginnt man? Ganz einfach. Man zerlegt das Möbel in seine Einzelteile. Und da hatte ich wirklich Glück. So richtig stabil war meine Kommode nämlich nicht mehr. Die Verleimungen waren aufgegangen. Ohne dass mir etwas zersplitterte, konnte ich mein Möbel zerlegen und war eigentlich schon mitten in der Arbeit. »Das fängt ja gut an«, dachte ich und machte mich daran, mit Sandpapier die ersten Teile vom weißen Lack zu befreien. Es dauerte nur wenige Minuten, da merkte ich schon, dass ich mir richtig Arbeit aufgehalst hatte. Aber zurück konnte ich nicht mehr, und neugierig war ich auch geworden ...

# HÜTTEN, FACHWERK, NEUE HÄUSER
## HOLZ ALS BAUSTOFF

Wie schafft sich der Mensch eine »Behausung«, die ihn vor Wind, Regen und Kälte und vor dem Angriff gefährlicher Tiere schützt? Vielleicht findet er eine Höhle im Fels. Dann muss er sich nur noch um die Inneneinrichtung bemühen, zum Beispiel eine Bettstelle aus Zweigen herrichten. Aber in Höhlen ist es kalt, feucht und dunkel. Und so wurde der Mensch irgendwann zum Baumeister. Holz gehört zu den ältesten Baustoffen, mit denen sich schon unsere Vorfahren ein Dach über dem Kopf schufen.

Darüber können uns die Archäologen Auskunft geben. An vielen Orten Europas fanden sie **ALTE SIEDLUNGSPLÄTZE** mit Spuren von Feuerstellen und Gruben für die Lagerung von Vorräten. Viele kleine Löcher im Boden, kreis- oder trapezförmig angeordnet, markieren noch nach siebentausend Jahren die Standplätze der Hütten, die sich die Menschen damals gebaut hatten. Das waren einfache, aber sehr praktische Bauten, die auch heute noch auf jedem Campingplatz bewundert würden. Viele Holzstangen wurden aufrecht in den Boden getrieben und bildeten das mehr oder weniger dichte Grund-

Berghütte
in den Alpen

gerüst der Hütte. Aus Ästen und Zweigen entstand ein zusätzliches Flechtwerk, das dann vermutlich mit Tierfellen überdacht wurde. Das erinnert an die Zelte der nordamerikanischen Indianer oder an die Jurten der Mongolen. Holz war also schon vor Urzeiten nicht der alleinige Baustoff für Behausungen, sondern wurde kombiniert mit Fellen, Lehm, Gräsern, großen Pflanzenblättern oder getrocknetem Tierdung.

Einfache, schützende Bauten finden wir noch heute auf Bergwanderungen. Im Gebirge behält das Holz nicht lange seine ursprüngliche Färbung. Grau, fast silbrig glänzend im Sonnenlicht, stehen die **ALMHÜTTEN**, die Heuschober, Stallungen und die Schutzhütten für Bergwanderer auf den Wiesen. Die im Sonnenlicht enthaltenen ultravioletten Strahlen zerlegen das im Holz enthaltene Lignin. Und wenn es dann regnet, wäscht das Wasser diesen Stoff aus. Grau und grauer wird das Holz dadurch. Es verliert auch seine Glätte, wird rauer, die Maserung des Holzes tritt dann umso deutlicher hervor. Zäh ist dieses Holz, **WIND UND WETTER** hält es über Jahrzehnte stand. Dabei ist es besonders großer Beanspruchung ausgesetzt. Wenn es regnet, nimmt das Holz Feuchtigkeit auf und quillt. Beim Trocknen durch Wind und Sonne zieht es sich wieder zusammen, es schwindet, so heißt der Fachausdruck. Aber weil es hier in der Bergluft so gut wieder austrocknet, braucht es keine schützenden Behandlungen und Anstriche, um so lange standfest zu bleiben. Trockenes Holz macht wenig Sorgen.

Hier in den Bergen zeigt sich vielleicht am eindringlichsten, was auch anderswo gilt: So wie Holz altert kein anderes Material. Plastik wird mit den Jahren hässlich, Holz dagegen noch schöner. Die silbergrauen Hütten strahlen eine große Natürlichkeit und Würde aus. Ihre einfachen, über die Jahrhunderte überlieferten Formen und Bauweisen verzichten auf Schnörkel und Effekthascherei. Aus einem Naturstoff gebaut, fügen sie sich ein in die sie umgebende Natur. Wenn sie eines fernen Tages in ihrer ganzen Schönheit vergehen sollten, dann ist in den Bergwäldern um sie herum schon längst wieder genug hochwertiges Holz gewachsen, um neue Bauten zu errichten.

Ecke eines Blockhauses

Holz ist ein schlechter Wärmeleiter – und darum ein so guter Baustoff. Es isoliert. Die Heizwärme bleibt lange im Haus, weil die Wände sie nicht nach außen ableiten, sondern ummanteln. Man setze sich nur auf eine Steinbank, dann spürt man gleich die Kälte, weil der Stein unsere Körperwärme gleich aufnimmt und ableitet. Ganz anders auf einer Holzbank, da sitzt man auch ohne Kissen wie auf einem Wärmepolster.

Die stabilsten und dauerhaftesten Bauten aus Holz sind die **BLOCKHÜTTEN.** Die kennt man aus dem Wilden Westen. Aber auch noch heute werden sie gebaut oder als Fertighäuser angeboten.

Blockhütten werden aus ganzen Baumstämmen aufgebaut, sind also Massivbauten aus Holz. Blockhütten sind der Inbegriff des Holzhauses – holziger geht's nicht. Und sie bringen daher die Vorzüge des Holzes ohne Abstriche ins Wohnzimmer des Menschen. Die massiven Holzwände schützen im Winter vor Kälte, im Sommer vor Hitze. Das Holz nimmt die überschüssige Raumfeuchtigkeit auf, es reguliert das Raumklima, man fühlt sich rundum wohl. Das ganze Haus »atmet«, könnte man sagen. Und das ist die beste Vorbeugung gegen gesundheitsgefährdende Schimmelpilze, die unter Feuchtigkeit ein bedrohliches Wachstum an den Tag legen.

Aber natürlich muss man zugeben, dass die Zahl der Blockhütten, die heute gebaut werden, so groß nicht ist. Es wird eben ungeheuer viel Holz für eine solche Behausung benötigt. Und nur Bäume von gutem Wuchs eignen sich zum Blockbau. Ein festes, widerstandsfähiges Holz muss es sein, das der Feuchtigkeit von außen und auch den vielen Schädlingen trotzt, die sich eines Tages vielleicht ins Haus knabbern wollen.

Trotz der einfachen Bauweise der Blockhäuser: Der Teufel liegt im Detail. So gut wie das Holz müssen auch die Handwerker sein. Holz »arbeitet«, es schwindet und dehnt sich wieder. In Holzhäusern hören wir, wenn nach der Hitze des Tages die Abendkühle aufkommt, ein typisches Knacken und Knistern, keine Angst, das muss so sein. Wenn ein Blockhaus aber schlecht geplant und konstruiert ist, dann wird es durch Rissbildungen bald undicht und irgendwann morsch und all die Arbeit war umsonst.

Schon in der **BRONZEZEIT,** also seit etwa 1100 v. Chr., haben die Germanen Häuser im Blockbau errichtet. Die Germanen haben richtig gern mit Holz gebaut. Noch im 1. Jahrhundert n. Chr. wunderte sich der römische Geschichtsschreiber Tacitus darüber: »Auch verwenden die Germanen nicht Bruch- und Ziegelsteine, sondern vielmehr, ohne Rücksicht auf schönes Aussehen, überall

Füllung eines Fachwerks mit Zweigen und Lehm

rohes Holz.« Die Römer dagegen waren versierte Steinbauer, Erfinder des Mörtels und Meister im Bogen- und Kuppelbau. Mit einem schlichten germanischen Holzbauernhof mit Zaun drum herum war ein Bürger aus der Weltstadt Rom nicht zu beeindrucken. Dass diese Bauweise im kalten und waldreichen Norden gar keine schlechte Idee war, hat aber auch Tacitus eingesehen.

Fachwerkbauten in Querfurt

Neben dem Blockbau gab es den Skelettbau. Aus Holz wurde das Gerüst des Hauses errichtet. Und mit Lehmziegeln oder Steinen wurden die Felder zwischen den Holzständern und Querbalken gefüllt. Wir alle kennen das aus unseren Altstädten: **FACHWERK!** Fast überall in Deutschland gab und gibt es diese Technik, die im 16. und 17. Jahrhundert ihre Blüte erlebte. Oft zierten Verse aus der Bibel die Querbalken, und irgendwo findet man auch den Namen des Bauherrn und das Jahr der Fertigstellung des Hauses. So schief und verzogen, so altehrwürdig diese Bauten da vor uns stehen, brauchen wir das manchmal gar nicht zu entziffern, um zu ahnen, was diese Häuser über die Jahrhunderte »gesehen« haben. Von Stade bis zum Bodensee führt die Deutsche Fachwerkstraße durch die schönsten Fachwerkstädte in Deutschland.

Bauen mit Holz aber ist nicht nur ein Thema der Vergangenheit. Ganz im Gegenteil: Holz könnte das **MATERIAL DER ZUKUNFT** werden, sagen viele Ingenieure und Architekten. Warum? Das haben wir eigentlich schon im Rückblick auf die frühen Bauten erfahren. Es geht um den Schutz vor Kälte, um die Wärme im Haus, also um den Energieverbrauch eines Bauwerks, um sei-

## BEGEHRTE BAUHÖLZER

Hamburgs berühmte Speicherstadt mit ihren alten Lagergebäuden aus rotem Backstein steht auf Eichenholz. Tausende Pfähle unter Wasser sind das Fundament der Hafenbauten. Eiche gehört, ob unter Wasser oder an Land, zu den ganz begehrten Bauhölzern. Aber auch die Nadelhölzer Fichte, Tanne, Kiefer und besonders die Lärche sind bestens zum Bauen geeignet. Nicht nur die Holzart ist wichtig, sondern auch die Herkunft und die Wachstumsbedingungen entscheiden über die Qualität des Holzes. Holz aus heimischen Regionen zu verwenden spart Energie und Kosten. Hinter der Überschrift steckt aber noch eine Frage: Wenn wir in Zukunft noch mehr Holz für unsere Bauwerke verwenden, wird die Holzmenge, die unsere Wälder alljährlich produzieren, ausreichen? Und wie teuer wird der begehrte Baustoff dann werden?

ne Energiebilanz, wie es heute heißt. Dabei ist es aber nicht nur wichtig, wie viel Energie das fertige Haus für Heizung, Warmwasserzubereitung und Elektrik benötigt, sondern auch, wie viel Energie es bedarf, um das Gebäude überhaupt erst einmal zu errichten. Kein Wunder, Holz schneidet wiederum hervorragend ab. Beton und Stahl muss man unter Einsatz von viel Energie erst herstellen, Holz ist ein nachwachsender Rohstoff. Unsere Wälder produzieren Holz: aus Sonne, Regen und den Nährstoffen des Bodens. Fast von allein, möchte man sagen. Doch Vorsicht, vergessen wir die Arbeit der Forstwirtschaft und der Holzindustrie nicht. Die kostet natürlich auch Energie. Was aber nichts daran ändert, dass das Bauen mit Holz eine vorbildliche Energiebilanz ermöglicht.

Weltweit ist der Ausstoß an Kohlendioxid zu einem großen Problem geworden. Das verursacht bekanntlich den **TREIBHAUSEFFEKT**, durch den die mittlere Temperatur der Erdatmosphäre steigt. Das hat schwerwiegende Folgen für unser Klima. Der Ausstoß an Kohlendioxid, der durch Verbrennung von Kohle, Erdöl und Erdgas entsteht, muss dringend gemindert werden. Das Wachstum der Wälder bindet Kohlendioxid, lagert es im Holz der Bäume ein. Baut man mit Holz, so bleibt das Kohlendioxid dort gebunden. Eine wunderbare Sache, kommt doch eines noch hinzu: Je mehr aus Holz gebaut wird, umso geringer ist der Bedarf an anderen, nur mit viel Aufwand zu produzierenden Baustoffen. Das jedenfalls ist der Grundgedanke, der die Holzbauer heute beflügelt.

Siegreicher Entwurf eines Studentenwettbewerbs: der Aussichtsturm im Zoo von Helsinki. Baujahr: 2002, Höhe: 10 Meter, Holzschutz: Leinöl, Architekt: Ville Hara

Bauen mit Holz ist darum ein Bereich ehrgeiziger Forschung geworden. Denn so weit wie möglich sollen die neuen Gebäude ohne Einsatz chemischer Holzschutzmittel auskommen. Dabei denkt man durchaus schon daran, was eines fernen Tages aus dem Bauholz von heute werden wird. Nur wenn man dann das alt gewordene Holz in bestens ausgerüsteten Kraftwerken verheizen kann, bleibt es bei einer **GÜNSTIGEN KOHLENDIOXID-BILANZ**. Das Holz darf dann nicht mit problematischen Chemikalien in Anstrichen und Leimen durchsetzt sein. Die schönen silbergrauen Almhütten sind da wiederum vorbildlich.

Besonders beim Bau kleinerer und mittlerer Wohnhäuser haben Holzkonstruktionen heute bereits einen recht beachtlichen Marktanteil erobert. Im waldreichen österreichischen Vorarlberg ist man in Sachen Holzbau schon besonders weit: Rund zwanzig Prozent aller Neubauten entstehen dort aus Holz. Bei größeren Wohnhäusern, bei Gewerbebauten und Fabrikhallen kommt Holz allerdings noch recht wenig zum Einsatz. Das hängt mit den strengen Regeln des Brandschutzes zusammen. Da stoßen die Holzbauer immer noch auf viel Stirnrunzeln und Widerstand. Dabei gibt es schon viele Beispiele, welche Möglichkeiten das Material auch beim Bau von Schulen, Sporthallen oder weit gespannten Überdachungen bietet.

Bemerkenswert sind zwei **NEUE BAUPROJEKTE** in Großstädten. In London wurde 2008 ein neunstöckiger Wohnblock ganz aus Holz fertiggestellt. Und 2010 wurden im Berliner Bezirk Prenzlauer Berg drei mehrgeschossige Häuser eingeweiht. Mit vielen Ausnahmegenehmigungen und der Auflage, aus Gründen des Brandschutzes zumindest das Treppenhaus in Beton auszuführen, war der Weg frei für die städtischen Vollholzgebäude aus rund tausend Fichtenstämmen! Bauzeit: nur ein Jahr. Von außen jedoch ist vom Holz nichts zu sehen. Alles ist wegen des Brandschutzes verputzt und verkleidet.

Für Fußgänger und Radfahrer: Die Drachenschwanzbrücke in Gera wurde 2007 zum Wahrzeichen der Bundesgartenschau. Geringes Eigengewicht durch Holzbau, Spannweite: 225 Meter. Die Fertigung dauerte rund vier Monate, der Aufbau nur zwei Wochen.

Beim Holzbau in Städten wird noch immer die Angst vor Feuersbrünsten wach, wie sie uns in zahlreichen geschichtlichen Zeugnissen seit dem Mittelalter überliefert ist. Die Umweltbilanz aber, so der Architekt der Berliner Stadthäuser, sei um sechzig Prozent günstiger als die herkömmlicher Bauten.

Holz und Hightech gehören zusammen, besonders bei den sogenannten **NIEDRIGENERGIE- ODER PASSIVHÄUSERN**. Das sind Häuser, die sich fast oder ganz und gar selbst mit Energie versorgen, mit Solarzellen auf dem Dach. Aber auch die Wärme der Sonnenstrahlen wird genutzt und gespeichert, alle elektrischen Geräte brauchen nur ganz wenig Strom, die Fenster sind nicht nur doppelt, sondern drei- oder vierfach verglast.

Bei alledem sollte man einen Vorzug nicht ganz vergessen: Der Baustoff Holz kann ungeheuer schön sein. Gerade im Zusammenspiel mit den strengen Formen moderner Architektur zeigt es seine Faszination. Man muss nur ein wenig hinschauen, dann entdeckt man all die sanften Farbtöne oder wild bewegten Maserungen. Und obwohl das Holz die Wärme im Haus hält, strahlt es doch eine große Wärme aus, ob auf der Alm oder im tiefen Tal.

## DAS »PASSIVHAUS«

Noch weniger Energie als Niedrigenergiehäuser verbrauchen Passivhäuser. Sie sind besonders gute Energiesparer, weil sie zum einen natürliche Wärmequellen nutzen, wie die Sonneneinstrahlung, zum anderen die passive Abwärme, die in dem Haus erzeugt wird, etwa von elektrischen Geräten. Darum müssen diese Häuser bestens gegen Wärmeverlust abgedämmt und luftdicht sein. Das erfordert sorgfältige Konstruktionen. Holz ist für solche Häuser ein denkbar gutes Baumaterial. In Verbindung mit weiteren isolierenden Materialien lässt Holz der Wärme keine Chance zur Flucht nach draußen. Die Bauteile solcher Häuser werden in der Fabrik vorgefertigt und dann in kurzer Zeit montiert.

# EINIGE FACHBEGRIFFE AUS WALD UND WERKSTATT

**ABHOLZIG**
Wenn der Stamm unten dicker ist als oben, dann ist er abholzig. Das ist ein Merkmal großer, einzeln stehender Bäume. Sie sind den Stürmen ausgesetzt, und ihr dicker Fuß macht sie standfest. Stämme im Wald sind vollholzig, von unten bis oben fast gleich dick. Diese Bäume haben leichtere Kronen und geben sich gegenseitig Schutz, darum brauchen sie keinen dicken Fuß gegen den Wind.

**ALLMENDE**
In früheren Zeiten war die Nutzung des Waldes für die Menschen sehr wichtig, um sich zu versorgen. Die Allmende war bis weit in das Mittelalter hinein das Gebiet, das der Allgemeinheit zur Verfügung stand. Weideflächen, Flüsse und Seen und vor allem der Wald gehörten zur Allmende. Hier durfte jeder freie Bürger fischen, jagen und sich mit Brenn- und Bauholz versorgen.

**DARRGEWICHT**
Wie schwer das Holz ist, hängt sehr davon ab, wie viel Feuchtigkeit es noch enthält. Das Darrgewicht ergibt sich aus der reinen Holzmasse, ohne das Gewicht des in den Zellen enthaltenen Wassers. Dagegen gibt das Landungsgewicht das Gewicht der frisch angelieferten Stämme an, die erst noch trocknen müssen.

**DREHWUCHS**
Es gibt viele Wuchsfehler bei Bäumen. Wenn der Baum wie eine Spirale gewachsen ist, die Fasern also nicht senkrecht, sondern schraubenförmig nach oben laufen, dann ist er drehwüchsig. Solches Holz ist für Handwerker nicht zu verwerten. Drehwuchs vererbt sich, wird aber auch durch starke Winde verursacht.

**FESTMETER**
Die wichtigste Mengenangabe für Holz. Ein Festmeter (Abkürzung Fm) ist ein Kubikmeter fester Holzmasse ohne die leeren Zwischenräume eines Stapels. Werden die Zwischenräume mitgerechnet, erhält man den Raummeter.

**GEHRUNG**
Jeder Bilderrahmen ist auf Gehrung geschnitten, und zwar mit 45 Grad. Darum sieht man an den Ecken auch kein Hirnholz mehr. Wer auf Gehrung sägen will, dem hilft die Gehrungslade.

## HIRNHOLZ

Das ist einfach. Wir sehen es auf dem Titelbild dieses Buches. Ein Querschnitt durch den Stamm. Ins Hirnholz dringt Regenwasser besonders leicht und tief ein. Darum bekommen Zaunpfosten oft ein kleines Schutzdach.

## MONOKULTUR

Riesige Flächen, die ausschließlich mit einer Baumart bewachsen sind, nennt man Monokultur. Solche langweiligen Wälder wurden einmal angelegt, um besonders viel schnell wachsendes Holz ernten zu können. Gegen Sturmschäden und Befall durch Schädlinge und Krankheiten sind Monokulturen viel anfälliger als Mischwälder mit mehreren Baumarten.

## NACHHALTIGKEIT

Heute ist dieser Begriff oft zu hören. Nachhaltig wirtschaften heißt: Was der Mensch verarbeitet und verbraucht, das soll auch immer wieder neu entstehen und nachwachsen können: sauberes Wasser, gesunde Luft, Fischvorkommen oder Energie. Ursprünglich stammt der Begriff aus der Forstwirtschaft. Dem Wald soll nicht mehr Holz entnommen werden, als wieder nachwächst. Bereits 1713 forderte der sächsische Berghauptmann Hannß Carl von Carlowitz eine »continuierliche, beständige, nachhaltige Nutzung« des Waldes. Zu den Begründern der Nachhaltigkeit gehörte dann Mitte des 18. Jahrhunderts der Forst- und Oberjägermeister Johann Georg von Langen, der lange im Harz tätig war. Schon damals machte sich die Ausbeutung des Waldes bemerkbar. Köhler, Glasmacher, Salinen und Bergbau verbrauchten sehr viel Holz. Langen mahnte zur Aufforstung der Wälder und wurde nebenbei sogar noch zum Pionier des Kartoffelanbaus in deutschen Landen. Und Kartoffeln wollten ja gekocht werden – mit Holz im Küchenherd.

## NATURVERJÜNGUNG

So nennen die Forstleute eine Art der Aufforstung, bei der nicht großflächig Bäume gefällt werden. Nur einzelne ausgewachsene Bäume werden dabei dem Wald entnommen. Das schafft das nötige Licht für die jungen Bäume, die bereits im Schatten eines großen Baumes stehen und nur darauf warten, die Stelle des alten Riesen einzunehmen.

## RAUHBANK

Für fast jeden Arbeitsgang hat der Tischler einen speziellen Hobel. Der größte ist die Rauhbank. Über einen halben Meter lang ist dieser Hobel, mit ihm werden ebene Flächen und gerade Kanten gehobelt. Früher gehörte er zu den meistgebrauchten Hobeln. Heute machen Maschinen das viel schneller und noch genauer.

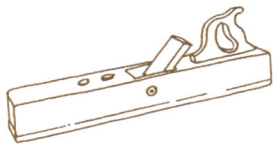

# Baum und Wald —1—
# Die Eiche: Wachstum von den Wurzeln bis zur Krone

Ein Kapitel über den Baum, das kann lange dauern, achtzig bis hundertzwanzig Jahre bestimmt, eher länger, auch bis zu tausend Jahren. Aber fangen wir klein an, mit der Frucht, aus der einmal ein Baum entstehen wird. Ehe wir uns lange quälen mit der Auswahl, entscheiden wir uns für einen Laubbaum. Seine Blätter sind leicht zu erkennen, sein Holz ist hart, schwer und hochwertig, und auch seine Frucht ist leicht erkennbar. Die Eiche ist in allen Erdteilen der nördlichen Halbkugel verbreitet, vor allem in Europa, bis hin zum Kaukasus und in den Iran, in Nordamerika, in Asien, besonders in Japan. In Deutschland sind die Pfalz und der Spessart die Kerngebiete prächtiger Eichenbäume. Über zweihundert Eichenarten gibt es auf der Welt, bei uns vor allem die Traubeneiche und die Stieleiche.

*Die **Eicheln*** sind die Früchte der Eiche. Abermillionen davon wirft eine Eiche in ihrem Leben ab, aber nur aus ganz, ganz wenigen von ihnen wird dann mal ein neuer Eichenbaum. Fast wie in der Lotterie: Die Chance steht ungefähr bei eins zu einer Million. Wenn im

Herbst die Eicheln vom Baum fallen, tragen die Bäume noch Laub. Das fällt erst etwas später ab und bietet den Früchten auf dem Boden dann Schutz. Wildschweine wühlen nach den nahrhaften Eicheln, die auf ihrem Speiseplan ganz oben stehen. Die Eicheln, die sie nicht finden, beginnen schon bald mit der Keimung, sie bilden eine kleine Wurzel, die in den Boden wächst, bis zum Winterende immerhin schon bis zu 20 Zentimeter. Im Frühling erscheint dann der junge Trieb. Aus dem wird im Laufe des Sommers ein ganz *kleiner Baum,* der etwa fünf, sechs Blätter und eine Knospe ausbildet, sich aber noch nicht verzweigt. Die jungen Pflanzen werden von Raupen oder äsenden Tieren gefährdet. So sind es schon viel weniger, die dann im zweiten Jahr weiterwachsen können und nun auch die ersten Zweige ausbilden. Das sieht bereits sehr schön aus, erregt aber auch Aufmerksamkeit und Appetit der Rehe, deren »Verbiss« viele weitere Eichen zum Opfer fallen. Wildverbiss bleibt für die jungen Bäume auch in den nächsten zehn Jahren eine ernste Bedrohung, darum werden sie vom

*oben* Stieleiche

*unten* Schutzmantel für junge Bäume: die Wuchshülle

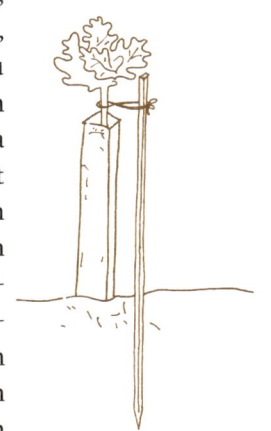

Förster häufig durch »Wuchshüllen«, Umhüllungen aus Kunststoff, oder großflächiger durch Drahtzäune geschützt. Neue Eichen in seinem Revier, die weiß er zu schätzen.

Bäume sind bemerkenswerte Pflanzen. Aus einem einfachen Grund: Sie bilden einen Stamm aus Holz und wachsen damit Jahr für Jahr dem Sonnenlicht zu. Bleiben andere Pflanzen in Bodennähe, weil sie im Herbst und Winter oberhalb des Bodens immer wieder absterben, so speichern Bäume die erreichte Höhe im Stamm. Bäume sind also die *Könige im Pflanzenreich.* Jahr für Jahr breiten sie ihr Blätterdach aus und fangen damit das Licht der Sonne ein. Und mit ihrem Wurzelwerk verankern sie sich fest und fester in der Erde und saugen Wasser und Nährstoffe aus dem Boden. Die Eiche bildet, wie die Nadelhölzer Kiefer und Tanne, eine Pfahlwurzel, die tief in den Boden reicht. Wichtig sind die feinen Wurzelhaare, sie dringen überall in den Boden ein und nehmen dessen Feuchtigkeit auf. Und dann geht es los mit der *Physik der Bäume.* Durch Wurzeln, Stamm und Äste ziehen sich lauter feine Rohrleitungen, bis in die Blätter. Auf die aber scheint die Sonne. Das Wasser in ihnen verdunstet und entweicht in die Luft. Das führt zu einem mächtigen Sog, der durch den ganzen Baum geht und das Wasser mitsamt der in ihm gelösten Nährstoffe von den Wurzeln bis in die Blätter zieht. Nährstofftransport in große Höhen also mit reiner Sonnenenergie.

In den Blättern aber wird nicht nur Wasser verdunstet. Die Blätter sind das chemische Labor der Bäume. Sie sind grün, weil sie einen ganz speziellen Stoff enthalten, ohne den es unsere Pflanzenwelt nicht geben würde: das *Chlorophyll.* Dieses Chlorophyll

## *Der Eichelhäher*

Dieser Vogel sorgt durch seine Vergesslichkeit für die Verbreitung der Eichen. Im Herbst sammelt er nämlich viele Eicheln und bunkert sie weit verstreut als Nahrungsvorrat ein. Viele findet er dann nicht mehr wieder und im Frühjahr treiben sie aus. Der Eichelhäher ist ein Rabenvogel, gut 30 Zentimeter misst er in der Länge. Ein scheues Tier, das durch laute, heisere Rufe andere Tiere warnt. Neben Eicheln mag er auch Bucheckern, Nüsse und ab und an ein Kleintier.

wirkt als ein sogenannter Katalysator, durch den ein chemischer Prozess ermöglicht wird, die Fotosynthese. Das Wasser, das der Baum aus dem Boden zieht, und das Kohlendioxid, das die Blätter durch ihre Poren aus der Luft aufnehmen, werden dabei unter der Einwirkung des Sonnenlichts zu Sauerstoff und zu Zucker und Stärke verwandelt. Der Sauerstoff wird an die Luft abgegeben. So entsteht die frische Waldluft, die die Spaziergänger genießen. Und daher rührt auch die Redewendung vom Wald als der grünen Lunge.

*Erst nach etwa vierzig Lebensjahren trägt die Eiche ihre Früchte.*

Die in den Blättern gewonnenen Stärke- und Zuckerverbindungen aber werden nun wiederum durch den gesamten Baum geleitet. Damit er groß und stark wird, könnte man sagen. Denn mit diesen Stoffen wächst der Baum und bildet sein Holz. Der Stamm wird dicker und höher. Von größter Bedeutung ist dafür ausgerechnet die dünnste und empfindlichste Schicht im Aufbau des Stammes, das ***Kambium*** wird sie genannt. Von ihr wird gar nicht so oft gesprochen, vielleicht auch, weil dieses feine Geflecht aus Fasern und Röhren mit bloßem Auge gar nicht zu erkennen ist. So dünn, und doch so wichtig. Wir wollen es jetzt aber genau wissen: Wie entsteht das Holz?

Das Kambium besteht aus vielen, vielen Zellen, die sich immer wieder teilen und so unentwegt neue Zellen bilden. Ein geringerer Teil dieser Zellen wandert nach außen und bildet die Bastschicht des Baumes. Die befindet sich unter der Baumrinde. Im Bast des Baumes werden die in den Blättern produzierten Stoffe abwärts geleitet und verteilt. Die Rinde schützt den Baum, und natürlich vor allem das empfindliche Kambium, vor Austrocknung, vor Bakterien, Pilzen und Käfern.

Der größere Teil der neuen Zellen aus dem Kambium aber wird zu Holz. Die neuen, frisch dem Kambium entwachsenen Holzzellen sind anfangs noch gar keine richtigen Holzzellen, denn noch haben sie ganz weiche Zellwände. Aber dann »verholzen« sie. Sie werden dichter und fester, weil sich in ihnen die Stoffe einlagern, die das Holz zum Holz machen. Das sind vor allem *Zellulose und Lignin,* chemische Verbindungen aus Kohlenstoff, Wasserstoff und Sauerstoff. Drei Elemente also bilden zwei Arten von Ketten, Moleküle genannt, und schon sind die Grundstoffe des Holzes beisammen. In geringen Mengen kommen noch so allerhand andere Stoffe hinzu: Kalium, Kalzium, Magnesium, Phosphor, Eiweiße, Harze, Gummi und Öle. Das sind wichtige Zugaben, aus ihnen entsteht die schöne Vielfalt der Bäume und Hölzer.

Zellulose und Lignin, das klingt vielleicht etwas langweilig, ist aber folgenreich. Denn die Zellulose verleiht dem Holz seine große Zugfestigkeit und das Lignin macht es hart und fest. Und genau diese Kombination aus Druck-, Zug- und Biegefestigkeit macht das Holz zu einem so einzigartigen Material. Sehen wir es sportlich: Holz ist kein Rekordhalter in Einzeldisziplinen, es gibt Materialien, die härter sind, biegsamer, leichter, schwerer oder unempfindlicher gegen Feuchtigkeit. Doch im Mehrkampf ist das Holz kaum zu besiegen, weil es in allen Disziplinen punktet. Schon in grauer Vorzeit haben die Menschen das bemerkt. Kein Wunder: Eigentlich mussten sie nur mal einen Baum anschauen und ein wenig nachdenken. Denn welchen Belastungen Holz standhält, zeigt ja schon der Baumstamm. Im Vergleich zu ihrer Höhe sind Bäume alles andere als dick, und doch *Wunderwerke der Stabilität,* die schweren Stürmen trotzen. Und Nadelbäume tragen im Winter oft tonnenschwere Schneemassen in ihrer Krone, ohne umzuknicken.

Jahr für Jahr wächst unsere Eiche nun. Im Frühjahr beginnt das Wachstum sehr schnell. In dieser Jahreszeit werden Holzzellen ge-

*Splintholz*

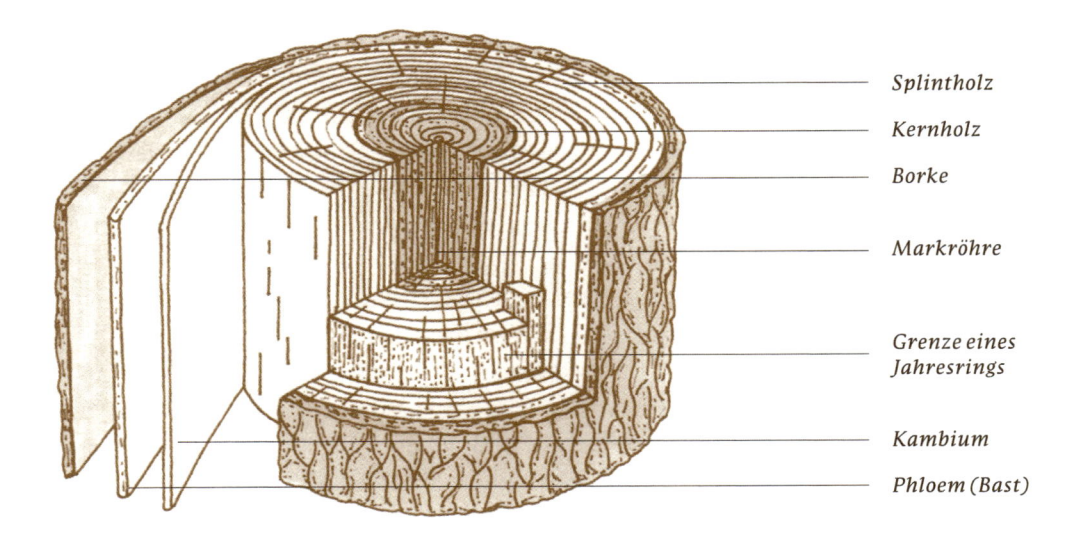

*Kernholz*

*Borke*

*Markröhre*

*Grenze eines Jahresrings*

*Kambium*

*Phloem (Bast)*

bildet, die größer, dünnwandiger, weicher und von recht heller Farbe sind. Dieses Holz nennt man das Frühholz. Langsamer vollzieht sich das Wachstum dann im Spätsommer und Herbst. Die Zellen sind nun klein, dickwandig, hart und sehr fest. Das ist das Spätholz, an der dunklen Färbung deutlich zu erkennen. Frühholz und Spätholz bilden den Jahresring. Ring auf Ring folgt im Laufe der Jahre. Schneidet man den Baum später einmal auf, dann kann man sie zählen und das Alter des Baumes ermitteln. Schaut man genauer hin, dann lässt sich an der Breite der Ringe auch erkennen, ob es warme Jahre mit viel Sonne und reichlichen Niederschlägen waren oder kalte und trockene Jahre.

Mit zunehmendem Alter setzt dann im Stamm noch ein Vorgang ein, der das Holz endgültig veredelt. Die *Verkernung* nennt man das. Im Inneren des Stammes kehrt Ruhe ein, diese Holzzellen führen nun keine Säfte mehr. Die stillgelegten Zellen sind noch trockener, noch härter, schwerer und widerstandsfähiger als zuvor. Bei vielen Baumarten ist das Kernholz deutlich dunkler als das äußere Holz,

## Schweinemast im Eichenwald

Früher führte der Schweinehirt die Schweine aus dem Dorf in den Eichenwald. Die Tiere fraßen mit Genuss die Eicheln. So sorgten die Eichen für die Fleischversorgung der Menschen. Wie wichtig die Schweinemast im Wald einmal war, können wir uns heute gar nicht mehr vorstellen. Nicht nur wegen des wertvollen Holzes wurden also die Eichen von den Förstern geschützt, gehegt und gepflegt. Allein aus eigener Kraft hätten sich ausgedehnte Eichenwälder in unseren Breiten wohl nicht behaupten können. Auch Bucheckern, Haselnüsse und Kastanien eigneten sich für die Schweinemast.

in dem die Säfte munter weiterfließen. Dieses äußere Holz nennt man den *Splint.* Es gibt auch Bäume, die bilden gar keinen Kern, haben nur Splint und heißen also Splintholzbäume. Zu diesen Bäumen mit gleichmäßigem Holz gehören Birke, Erle, Weißbuche, Berg- und Spitzahorn. Aber bei der Eiche gibt es Kern und Splint, sie ist ein Kernholzbaum, wie der Nussbaum, die Kiefer, Lärche, Kirsche und viele andere.

So ruhig und majestätisch die Baumriesen vor uns stehen, in ihrem Inneren herrscht also ein reger Wachstumsbetrieb zwischen Wurzelwerk und Blätterwerk. Aber lassen wir Ruhe einkehren. Im Herbst wird das Chlorophyll in den Blättern abgebaut, rötliche Farbstoffe geben nun den Ton an. Das Laub färbt sich, und bald fällt es ab. Jetzt sehen wir nur noch das Holzskelett der Bäume. Verwunschen und geheimnisvoll kann das aussehen. Aber schon bald wird sich wieder alles verwandeln und mächtig grün werden. Dann arbeiten sie wieder, unsere leisen Holzwerke, die Bäume.

# VOM LAGERFEUER BIS ZUM PELLET
# HOLZ ALS BRENNSTOFF

Wen es friert, dem klingt es wie Musik: Knistern, Knacken, mal ein Pfeifen, mal ein Zischen. Kaum brennen die ersten Späne und Zweige, stellt sich ein wohliges Gefühl ein. Bald züngeln die ersten Flammen. Dann kann man die ersten Äste nachlegen, bald schon die dickeren Scheite. Man spürt die Wärme. Ein Feuer aus Holz zieht die Menschen magisch an. Und wenn am Dreibein ein großer Topf darüber hängt, dann umso mehr. Heißer Tee und heiße Suppe versprechen Wärme auch von innen. Eine Urszene der Menschheitsgeschichte.

Kaum zu datieren, wann der Mensch und seine Vorfahren lernten, mit dem Feuer umzugehen. Ob vulkanische Glut, Blitzeinschlag oder Wald- und Buschbrände, das Feuer war zwar nicht unbekannt, aber es war beängstigend. Irgendwann jedoch lernte der Mensch, wie er es selbst entfachen konnte. Aus Feuersteinen flogen Funken, und mit dem **FEUERBOHRER** ließ sich eine Reibungshitze erzeugen, die trockene Gräser und Birkenrinde entflammte. Das Lagerfeuer war erfunden, und es veränderte den Speiseplan des Menschen. Noch war der Mensch kein Feinschmecker, doch nun

## AAL UND SCHINKEN IM RAUCH

Über dem rauchenden Holz hängen die Delikatessen. Ob frischer Fisch oder hausgemachte Wurstwaren, das Räuchern mit dem Räucherofen macht die Kostbarkeiten für den Magen auf lange Zeit haltbar. Und das Aroma des Holzes verleiht ihnen noch mehr Geschmack. Durch das Räuchern sinkt der Wassergehalt der Lebensmittel, viele antibakterielle Substanzen ziehen ein und lassen die Lebensmittel nicht so schnell verderben. Besonders beliebt zum Räuchern ist das Buchenholz. Es gibt sogar ein Rauchbier, das aus geräuchertem Malz gebraut wird. In Russland schätzt man den Rauchtee. Holz sorgt aber auch bei Whisky und Wein für den vollendeten Geschmack. Durch die lange Lagerung in Eichenfässern bekommen die edlen Tropfen eine unverkennbare Holznote.

konnte er kochen und braten. Rund 500 000 Jahre ist das her, meinen die Archäologen. Und wir kennen es noch heute. Nur die Ausrüstung hat sich ein wenig geändert: Feuerzeug, Spiritus, Holzkohle aus der Tüte und ein Grill mit Rost. Aber noch immer stehen alle in der Runde und geben kluge Ratschläge. Das gehört zu jeder Gartenparty.

Die alten Griechen feierten die Beherrschung der Flammen in ihren Göttersagen. Nur den Göttern war das Feuer untertan – bis **PROMETHEUS** kam und es den Menschen brachte. Prometheus, der Vorausschauende, der Kluge, lehnte sich auf, entwendete das Feuer dem Göttervater Zeus und wurde zum Wohltäter der Menschen. Besonders die Handwerker, die Töpfer und Schmiede, verehrten ihn fortan. Aber die Strafe des Zeus war schrecklich. Prometheus wurde an einen Felsen gekettet und Tag für Tag von einem hackenden Adler gequält. Erst Herkules, Kraftprotz der griechischen Sagenwelt, sollte ihn eines fernen Tages erlösen.

Holz jedenfalls war der erste und wichtigste Brennstoff der Menschheit. Kohle, Erdöl und Erdgas, das alles gab es erst viel, viel später. Auch heute noch schätzt man, trotz der Zentralheizung, die angenehme Wärme eines Holzfeuers. Offene gemauerte Kamine oder Kaminöfen aus Gusseisen stehen in vielen Häusern und werden besonders im Herbst und Frühjahr genutzt. Manche machen es sich ganz bequem und kaufen sich eine DVD, dann lodern und glühen die Scheite auf dem Flachbildschirm – garantiert rauchfrei und ohne die lästige Asche.

Alljährlich gibt es bei uns die Begeisterung für das ganz große Holzfeuer zu Ostern. Der alte Brauch aus vorchristlichen Zeiten, mit einem **OSTERFEUER** die letzten Wintergeister zu vertreiben, hat sich besonders auf dem Land erhalten und neuen Zulauf bekommen. An weithin sichtbaren Orten lodern die Feuer in der Osternacht, aufgetürmt aus Gartenabfällen und Holzresten. Für die Sicherheit der Feuerstätten sorgen die freiwilligen Feuerwehren. Und die achten auch streng darauf, dass nur Holz ohne giftige Chemikalien auf den Haufen kommt. Heiße Nächte können das werden, von außen wärmt das Feuer, von innen auch hochprozentige Getränke. Zwischen den Dörfern gibt es nicht nur den Wettstreit um das größte

Meilerbauten in Idaho, USA

Feuer, sondern auch einen alten Schabernack, das Anzünden »gegnerischer« Holzhaufen noch vor der Osternacht. Dagegen hilft nur eine Feuerwache.

Schon bei den alten **ÄGYPTERN**, bei den **GRIECHEN** und **RÖMERN** stieg der Bedarf an Brennholz ganz enorm. Sie wollten sich nicht nur wärmen und gut speisen. Fast schon industriell, jedenfalls in großen Mengen, produzierten sie in speziellen Öfen neue Materialien. Immer mehr Holz landete beispielsweise in den Töpferöfen, um die vielen Vasen, Amphoren und sonstigen Tongefäße bei bis zu 1000 Grad Celsius zu brennen. Gebrannt wurden auch die Unmengen an Kalk- und Ziegelsteinen für die großen Bauten in den Städten. Die Gewinnung von Metallen wie Kupfer, Zinn und Eisen bedurfte ebenfalls hoher Temperaturen. Und im 1. Jahrhundert v. Chr. erfand man eine neue handwerkliche Technik, die Glasbläserei. Jetzt konnte man Trinkgläser und Flaschen herstellen. Die Römer entwickelten schnell eine wahre Meisterschaft im Umgang mit dem Glas. Jeder wollte das neue Material haben, vor allem, als die Glasmacher auch noch ertüftelten, wie man es farblos herstellen konnte. Da brauchte es noch mehr Holz für die Öfen, und die Wälder lichteten sich. Ohne Holz keine Keramik, kein Metall, kein Glas.

Um hohe Temperaturen zu erzeugen, arbeitete man bereits in der Antike mit **HOLZKOHLE**. Sie hat einen hohen Kohlenstoffanteil, bis zu 90 Prozent, und daher einen viel höheren Heizwert als das Holz. Holzkohle zu produzieren, das war über viele Jahrhunderte das Handwerk der Köhler. Im Wald bauten sie ihre Meiler, dort standen ihre Hütten. Bis ins 20. Jahrhundert war das kein ungewöhnliches

Bild. Und auch das Verfahren änderte sich nicht. Schicht um Schicht legten die Köhler das Holz zu einem rundlichen Haufen. In der Mitte blieb ein Schlot, der mit Reisig und Brennholz befüllt wurde. Damit feuerte man den Meiler an. Über das geschichtete Holz wurde vorher jedoch noch ein »Mantel« aus Laub und Grasstücken gelegt. Dann wurde alles mit einer Erdschicht überzogen. Auf diese Weise unterband man die Sauerstoffzufuhr und erzeugte so einen Schwelbrand. Der Verkohlungsprozess dauerte acht bis zwölf Tage. Schlugen doch

Köhlerfamilie im Harz, um 1900

*Der nächste Winter kommt bestimmt: Frauen ernten Brennholz im Harz, 1923.*

Flammen aus dem heißen Meiler, mussten die Köhler das offene Feuer schnell mit Wasser und Erde löschen.

Aber früher war der Wald natürlich auch von Menschen bevölkert, die sich ihr **BRENNHOLZ FÜR HAUS UND HERD** beschaffen mussten. Das war harte Arbeit, für Männer und Frauen. Die Bäume mussten mit Axt und Zugsäge gefällt und dann mit der Heppe, einer Art Buschmesser, von Zweigen befreit werden. Dann wurden sie auf Pferdefuhrwerke verladen. Die Frauen holten sich sogenannte Leseholzscheine von den Forstverwaltungen und kamen mit schwer bepackten Holzkiepen auf dem Rücken aus dem Wald. Und die Förster hatten es nicht nur mit Wilderern zu tun, sondern auch mit Holzdieben.

Wenn das Holz auf dem heimischen Hof angekommen war, ging die Arbeit weiter. Von Haus zu Haus fuhren Dieseltraktoren mit Bandsägemaschinen. Damit wurde das Holz auf Ofenlänge zugeschnitten, eine große Erleichterung. Die schweißtreibende Arbeit des Holzhackens hat das aber nicht abgeschafft. Erst danach waren die Scheite ofenfertig zubereitet. Nun mussten sie an einem luftigen und trockenen Platz gestapelt werden. Das frische Holz enthielt noch bis zu 50 Prozent Wasser und musste trocknen, ungefähr zwei Jahre lang. Dann war der Wasseranteil auf 15 bis 20 Prozent gesunken. Jetzt erst hatte man gutes Brennholz mit hohem **HEIZWERT**. Schwere Hölzer wie Buche, Eiche oder Esche waren begehrt, denn durch ihre hohe Dichte gaben schon wenige Scheite viel Wärme. Aber auch die leichteren Nadelhölzer waren bestens geeignet. Der Heizwert des Holzes ist umso höher, je mehr Harze und Lignine es enthält.

Heute holt man sich Brennholz beim Händler oder im Baumarkt. Doch es gibt auch noch die »Selbstwerber«, die sich das Holz aus dem Wald selbst beschaffen. Die Forstämter weisen geeignete Waldstücke für sie aus und bieten Lehrgänge zum sicheren Umgang mit der Motorsäge an. Auch wer nur kleinere Bäume bis zu einem Stammdurchmesser von 25 Zentimetern fällen darf, muss genau wissen, wie man's macht. Ob Waldarbeiter oder Selbstwerber, die Arbeit im Wald ist nicht ungefährlich. Volle Aufmerksamkeit ist erforderlich. Schutzhelm, Schuhe mit Metallkappen und Arbeitshosen mit Schnittschutzeinlagen gehören zur vorschriftsmäßigen Ausrüstung für die Arbeit im Wald.

Das Heizen mit Holz ist seit einigen Jahren wieder zu einem viel diskutierten Thema geworden. Weil Holz ein **NACHWACHSENDER ROHSTOFF** ist, bietet es die Möglichkeit, unsere Häuser umweltschonend mit Energie zu versorgen. Der Vorteil: Das klimaschädliche Kohlendioxid ($CO_2$), das die Öfen bei der Verbrennung von Holz freisetzen, wird durch die nachwachsenden Wälder wieder neu gebunden. Mit Holz lässt sich $CO_2$-neutral heizen, das ist der Grundgedanke. Neben Erdwärme- und Solaranlagen ist der Holzbrenner heute eine ausgereifte Technik, die den Verbrauch von Erdöl und Erdgas senken oder ersetzen kann. Vor wenigen Jahrzehnten hätten wohl nur die wenigsten gedacht, dass das Heizen mit Holz je wieder mehr sein könnte als eine Technik für Liebhaber. Doch mit Holz befeuerte Anlagen versorgen heute keineswegs nur Einfamilienhäuser, sondern auch größere Gebäude und Wohnkomplexe.

## HOLZVERGASER

Not macht erfinderisch: Die Autos mit dem Holzofen an Bord gab es vor allem während des Zweiten Weltkriegs, als das Benzin immer knapper wurde. In den Öfen wurde Holz verschwelt, und ein heißes brennbares Gas entstand, ein Gemisch aus Kohlenmonoxid, Wasserstoff und Methan. Das wurde in den Motor geleitet. Dann ging es mit langer Rauchfahne auf kurze Fahrt. Bald wieder ein Thema an der Tankstelle?

**PELLETS** spielen dabei eine wichtige Rolle. Pellets, der Begriff kommt aus dem Englischen, sind kleine stiftförmige oder rundliche zusammengepresste Holzstifte, die in großen Fabriken hergestellt werden. Sie bestehen aus Hölzern und Spänen, die bei der Verarbeitung zu Nutzholz oder beispielsweise auch in der Möbelindustrie abfallen. Pellets lassen sich aus allem gewinnen, was irgendwie holzig ist. Für die Forstwirtschaft könnte das bei steigender Nachfrage durchaus zu einer Versuchung werden. Das Bruch- und Abfallholz, das bislang im Wald verblieb, ist nun ein interessantes Nutzholz. Man könnte es an Pellet-Hersteller verkaufen. Doch für den Wald und seine Artenvielfalt, für Käfer, Würmer und Insekten, sind all die kleinen Zweige und Späne auf dem Boden lebensnotwendig. Eine gewisse Menge an sogenanntem Totholz – und dazu gehören auch ganze Stämme – muss darum im Wald bleiben. Besenrein wird der Wald zum leblosen Geäst. Man kann es also auch mit den Pellets übertreiben. Und immer ist zu fragen, wie viel Energie es eigentlich kostet, die kleinen Holzstifte herzustellen. Zu den Vorzügen der Pellets gehört ihre Alltagstauglichkeit. Sie lassen sich bequem und staubfrei anliefern, ohne Probleme lagern, und sie ermöglichen eine automatische und gleichmäßige Befüllung des Brenners. Gerade das ist wichtig. Denn in den **MODERNEN ÖFEN** wird der Verbrennungsprozess ständig überwacht und geregelt. Eine Sonde misst die Abgaswerte im Schornstein, besonders deren Sauerstoffgehalt. Über einen Rechner wird dann der Brenner so eingestellt, dass aus den glühenden Pellets so viel Heizkraft wie nur möglich gewonnen wird. Das wiederum macht nicht nur warme Füße, sondern sorgt auch für geringe Abgaswerte der Heizung. Übrig bleibt nur wenig Asche. Sie enthält Kalium und Phosphor und ist als Dünger für die Landwirtschaft geeignet. Viele der neuen Öfen können aber nicht nur Pellets, sondern auch massive Holzscheite verbrennen. Ein weiterer Brennstoff wird aus dem Holz gewonnen, das

Pellets:
Heiztabletten
aus Holz

Seit 2003 in Betrieb: modernes Biomassekraftwerk in Königs Wusterhausen in Brandenburg. Pro Jahr werden hier etwa 120 000 Tonnen Altholz verbrannt.

aus den Baumkronen der gefällten Bäume stammt, die Hackschnitzel. Hackschnitzel lassen sich von einer Hackmaschine vor Ort gewinnen und mit kurzen Transportwegen an die Verbraucher liefern. Kommt uns bekannt vor, erinnert an die fahrende Bandsäge aus alten Zeiten.

Heizen mit Holz ist zum Thema geworden. Mit Sicherheit keine allein selig machende Lösung der großen Energiefrage. Und doch ein wichtiger Beitrag für die **ENERGIEVERSORGUNG DER ZUKUNFT.** Schon heute aber lässt sich sagen: Der Mensch hat sein Lagerfeuer wiederentdeckt – computergesteuert.

# DIE KOMMODE -2-
## SPACHTELARBEIT: DER LACK MUSS AB

Da stand ich nun mit meinem Sandpapier, etwas ratlos angesichts der dicken Lackschicht. Schnell bemerkte ich, dass es zwei Anstriche gab. Unter dem weißen Lack befand sich noch eine vergilbte zweite Schicht. Die Kommode war also schon einmal verschönert worden. Wie sollte ich bis auf das Holz vordringen? Nur durch Schleifen würde es nicht gehen. Die großen Flächen, die vielen Ecken? Für solche Fälle gibt es – irgendwo hatte ich das schon mal gehört – Abbeizer. Das kleine z klingt schon danach, ein scharfes Mittel, das sich nicht gerade durch Umweltverträglichkeit auszeichnet. Aber was sollte ich machen?

Ich stieg auf mein Fahrrad, fuhr zum Baumarkt und ging in die Abteilung für Farben und Lacke. Eine Verkäuferin zeigte mir die Abbeizer. Die Warnsymbole auf den Dosen unterschieden sich kaum.

»Du solltest mit Gummihandschuhen arbeiten«, sagte sie. »Und der abgebeizte Lack gehört in den Sondermüll.«

»Brauche ich einen Mundschutz?«

»Nein, nein, aber du musst an einem gut belüfteten Platz arbeiten.«

Also gut, ich kaufte eine Dose, ein Paar Gummihandschuhe und noch einen breiten Pinsel zum Auftragen.

Es war seltsam, aber mit meinem neuen Abbeizer fühlte ich mich gleich wie ein Fachmann, bekam richtig Lust zum herzhaften Abbeizen und sah schon die sauberen Holzflächen meiner Kommode vor mir. Wie eine Lederhaut würde ich den alten Lack einfach so abziehen und wunderschöne Maserungen freilegen. Nun ja, frohe Erwartung schützt nicht vor Enttäuschungen.

Erst einmal machte ich alles richtig. Ich blieb ganz ruhig und richtete mir einen Arbeitsplatz her, auf dem Hof unter dem Vordach: zwei Tischböcke und eine alte Spanplatte. Ich legte Zeitungspapier bereit und einige alte Lappen. Dann las ich noch mal die Gebrauchsanleitung auf der Dose durch. Also, ganz einfach: »Abbeizer satt auftragen und einwirken lassen.« Der Abbeizer ist ein farbloses Zeug, dickflüssig wie Gelee. Ich legte meine Hölzer bereit, nahm den Pinsel in die Gummihandschuhe und begann mit der Arbeit. Ich trug satt auf. Ich war gespannt und beäugte ungeduldig die behandelten Stücke. Tatsächlich, es dauerte gar nicht lange und an einigen Stellen begann der alte Lack sich zu kräuseln und schrumpeln. An anderen wiederum gar nicht, doch das würde schon noch kommen. Nach einer Stunde schaute ich wieder nach. Da hatte sich so einiges abgelöst und ich hatte den Eindruck, die erste Portion Abbeizer hatte ihre Arbeit getan. Ich nahm wieder meine Gummihandschuhe und einen Spachtel. Damit kratzte ich den gelösten Lack vom Holz und streifte ihn auf das Zeitungspapier. Das ging alles ganz gut, doch schnell merkte ich, dass dieser Arbeitsgang alles andere als beendet war.

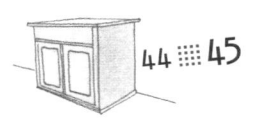

Halbzeit: Der alte Anstrich ist entfernt. Jetzt auf Nummer sicher gehen und den Wurm bekämpfen.

Nur an wenigen Stellen sah ich schon Holz. Die ältere Lackschicht hatte sich kaum abgelöst. Ziemlich enttäuschend, aber gut, ich musste eben die Behandlung wiederholen, so stand es ja auch auf der Dose. Jetzt löste sich auch die untere Schicht. Ich kratzte wieder alles mit dem Spachtel herunter. Das sah schon besser aus. Dann holte ich mir einen Eimer mit lauwarmem Wasser und wusch alle Teile ab. Immerhin, dachte ich, jetzt ist schon viel geschafft. Auf dem Boden lag ein Haufen Zeitungspapier mit Abbeizer und Altlack, Sondermüll. Die Teile meiner künftigen Kommode waren aber noch immer mit weißen Flecken gesprenkelt. Und ich entdeckte auch noch viel mehr kleine Löcher. Der Holzwurmbefall war erst jetzt richtig zu erkennen. Ich fand das aber eher interessant, das sollte mich nicht aus der Bahn werfen. Schluss für heute, meine Kommode musste trocknen.

Unzufrieden war ich nicht, aber mir wurde langsam klar, es würde noch viel Arbeit sein, ehe das Holz so sauber war, wie ich es mir vorstellte. In Werbefilmen, Heimwerkerserien oder Do-it-yourself-Büchern gaukeln sie dir immer vor, geht wunderbar, ganz einfach, ganz schnell. Das ist Quatsch, es dauert alles länger und ist mühseliger, als es auf der Dose steht.

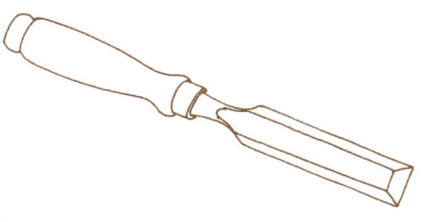

Es war noch richtig viel Arbeit, den alten Lack komplett zu entfernen. Ich probierte so einiges aus, aber am besten ging es mit dem Sandpapier. Das musste ich nachkaufen. Wenn man alten Lack abschleift, füllt sich das Papier ziemlich schnell mit den Lackresten und wird stumpf. Ich holte mir gleich unterschiedliche Körnungen, also grobe und feine Papiere. Schleifen ist mühselig und schweißtreibend, aber Stück für Stück kommt man weiter. Und wird dann auch mit einer schönen glatten Holzoberfläche belohnt. Für schwer zugängliche Ecken und Kanten nahm ich ein scharfes Stemmeisen. Das zog ich mit Druck über die Lackreste, die dann abplatzten. Irgendwann, nach Tagen, merkte ich, dass ich eigentlich fertig war. Einige letzte Lackspuren störten mich nicht. Es sollte ruhig zu sehen sein, dass die Kommode alt war und schon ganz andere Tage erlebt hatte. Viele Äste und bewegte Maserungen hatte ich freigelegt.

Muss immer gut geschärft sein: das Stemmeisen

Aber ich war ja noch lange nicht fertig! Und ehe ich mich daranmachen konnte, die Kommode wieder zusammenzubauen, musste ich mich ja noch um den Holzwurm kümmern. Der sollte mir mein neues Möbel nicht weiter zerfressen. Vielleicht war er auch gar nicht mehr im Holz. Der Wurm guckt ja nicht aus den Löchern und zeigt sich. Besser, man unternimmt etwas. Also nach dem Abbeizer gleich noch ein Griff zur Chemie? Ich wollte mich lieber erkundigen, ob es nicht sanftere Wege gab, den Schädling zu vertreiben …

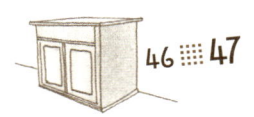

# HOLZREKORDE

**DAS LEICHTESTE HOLZ** ist das Balsaholz. Es ist blassrötlich, teils fast weiß und sehr weich. Balsa kommt aus den tropischen Wäldern, besonders aus Südamerika. Die Bäume wachsen sehr schnell und erreichen Durchmesser bis zu einem Meter. Balsa ist das Holz, aus dem Modellflugzeuge gebastelt werden. Korkholz ist ein anderer Name für Balsa.

**DAS HÄRTESTE HOLZ** ist das Pockholz, das auch Guajak- oder Franzosenholz genannt wird. Es stammt von den Westindischen Inseln und aus Zentral- und Südamerika. Die Bäume sind vom Aussterben bedroht, der Handel ist heute genehmigungspflichtig. Sie werden kaum höher als 12 Meter und erreichen meist nur Durchmesser zwischen 25 und 35 Zentimetern. Das Kernholz ist grünlich braun, manchmal fast schwarz, und voller öliger Stoffe. Pockholz riecht unangenehm. Es gehört auch zu den schwersten Hölzern, die es gibt. Die frischen Rundhölzer wiegen um die 1450 Kilogramm pro Kubikmeter! Schwer zu bearbeiten, aber es lässt sich drechseln. Für Werkzeuge, Maschinenlager, Zahnräder und Schiffsschraubenwellen lässt es sich verwenden. Pockholz ist enorm widerstandsfähig und beinah unbegrenzt haltbar. Eisenholz wird es darum auch oft genannt, eine Sammelbezeichnung für eine ganze Reihe von Holzarten, die dem Pockholz an Härte und Dichte so gut wie ebenbürtig sind.

**DER ÄLTESTE BAUM** auf der Welt steht in Kalifornien, 3000 Meter hoch, in der Sierra Nevada. Es ist eine Grannenkiefer und sie ist rund 4700 Jahre alt. Die dortigen Grannenkiefern dürften die ältesten Lebewesen überhaupt sein. Und damit übertreffen sie auch …

**DIE GRÖSSTEN BÄUME** der Welt, die Mammutbäume, die ebenfalls in Kalifornien stehen und über 3000 Jahre alt werden können. Fast 140 Meter Höhe bei einem Durchmesser bis zu 12 Metern erreichen diese Riesen. *Sequoiadendron giganteum* ist ihr botanischer Name.

## UND WELCHES HOLZ IST DAS TEUERSTE HOLZ?

Schwer zu sagen. Und selbst wenn man es wüsste, würde es nicht helfen. Diese wunderbaren Hölzer sind auch darum so teuer, weil Raubbau an ihnen getrieben wurde und wird. Das Adlerholz wird genannt, es kostet mehrere Zehntausend Euro pro Kilogramm. Seine Harze duften unvergleichlich. Oder der Schlangenholzbaum. Vielleicht auch Makassar-Ebenholz, benannt nach dem Ausfuhrhafen Makassar in Indonesien. Nein, lassen wir das. Nennen wir lieber noch einige europäische Namen extrem teurer Hölzer. Wildkirsche, Mooreiche, Nussbaum und vor allem die harte Elsbeere – Baum des Jahres 2011 (s. Foto S. 48) –, die für Flöten und Klavierbau begehrt ist. Sie kann schon mal 15 000 Euro pro Festmeter kosten. Zum Vergleich: Spitzenpreise für unsere heimische Eiche liegen um die 500 Euro pro Festmeter. Doch Holzpreise schwanken stark, der Markt ist in ständigem Wandel. Riegelahorn, ein Bergahorn mit besonderer Maserung, ist ebenfalls sehr teuer und ein Liebling der Geigenbauer.
Sagen wir es anders: Das teuerste Holz entsteht aus einem Wuchsfehler der Bäume. Wenn sie am unteren Stamm Auswucherungen tragen, dann wird es interessant für die Hersteller von Furnier. Denn diese Knollen, es sind Überwucherungen von Seitenknospen, ergeben die schönsten Maserzeichnungen. Recht bekannt ist das Vogelaugenahorn aus dem Zuckerahorn. Maserknollenfurniere schmücken das Cockpit teurer Limousinen. In Kurzform: Maserknollen sind die teuersten Hölzer.

# STÜHLE, TISCHE, SEKRETÄRE
## STABILE DIENER, DURCHDACHTE SCHÖNHEITEN

Stuhl, Tisch, Bett und Schrank – **MÖBEL** sind Tag für Tag genutzte Gegenstände, die ihren Zweck erfüllen müssen. Ohne Möbel lässt es sich nicht wohnen. Aber jeder weiß: Möbel sind auch viel mehr. Welche Möbel uns gefallen, wie wir uns einrichten, das hängt von unserem Temperament, unserer Persönlichkeit und selbstverständlich auch vom Geldbeutel ab. Darin sind Möbel der Kleidung verwandt. Wenn die Kleidung unsere »zweite Haut« ist, dann sind unsere Möbel vielleicht die »dritte Haut«. Kein Wunder also, dass auch die Möbel der Mode folgen, wenn auch nicht gar so schnell wie die Klamotten.

Heute werden Möbel aus vielen Materialien gefertigt, aus Stahlblechen und -rohren, aus Pappe, aus vielerlei Arten von Kunststoffen. Aber Holz bleibt das **KÖNIGSMATERIAL DES MÖBELBAUS**. Warum ist das so? Holz bietet das ideale Verhältnis von hoher Festigkeit bei mäßigem Gewicht, es lässt sich durch Sägen, Hobeln und Schnitzen in alle nur erdenklichen Formen bringen, für jede Möbelart gibt es eine Holzart, die den Anforderungen besonders gut entspricht, es ist schön, und wer interessante Effekte mag, der kann es färben oder mit vielen anderen Materialien kombinieren. Die ersten Möbel aus Holz kennen wir, von einigen Ausnahmen abgesehen, eigentlich nur aus Abbildungen. Was sich die alten Ägypter, Griechen und Römer in ihre Häuser stellten, das ist leider nicht erhalten geblieben. Aber Möbel aus dem Mittelalter gibt es noch. Das sind mächtige Stücke aus dicken Brettern, mit geschmiedeten Scharnieren, großen Beschlägen und mächtigen Schlössern. Truhen zur Aufbewahrung von Tüchern, Decken und Kleidung gehören zu den ältesten Möbeln. Zusammengehalten durch Holzdübel und Eisenbänder, sind sie meist einfache, rustikale Kästen, aber doch keine hässlichen oder langweiligen Ungetüme, denn schon die mittelalterlichen Möbelbauer hatten einen untrüglichen Sinn für die richtigen Proportionen, für das richtige oder auch das stimmige Verhältnis von Länge, Höhe und Breite.

Und dann haben die Möbelbauer, die Tischler oder Schreiner, im Laufe der Jahrhunderte natürlich dazugelernt, und eine kleine Erfindung folgte auf die andere. Durch das Aufsetzen von Leisten, durch Verstärkungen an den Ecken wurde das Krummwerden des Holzes vermieden, durch Zinken, Grate, Falze und Gehrungen gerieten die Holzverbindungen immer perfekter. Immer reicher wurde die **FORMENVIELFALT DER MÖBEL**. Unter den geschickten Händen der Meister und Gesellen entwickelte sich das Holz zu einem formbaren Material. Geschwungene Stuhl- und Tischbeine wurden gehobelt, Schranktüren nach

### EBENHOLZ

Weiß, rot und schwarz – die Farben von Schneewittchen. Versonnen schaut die Königin aus dem Fenster in die Winterlandschaft und sticht sich mit der Nähnadel in den Finger. Drei Tropfen Blut fallen in den Schnee. Und das Fenster ist aus schwarzem Ebenholz. Ein Fenster aus Ebenholz! Das können sich wirklich nur Könige leisten. Denn begehrt war dieses Holz mit dem tiefschwarzen Kern, das aus Indien und Afrika kam. Sehr schwer und äußerst hart, war es ideal für Drechslerarbeiten, für Musikinstrumente und geometrische Messapparate. Ebenholz ist eines der wertvollsten Hölzer für Edelfurniere und ein Muss für Intarsienkünstler. Im 17. und 18. Jahrhundert nannte man die Kunsttischler Ebenisten. Wie so viele andere tropische Harthölzer ist *Diospyrus ebenum* heute eine vom Aussterben bedrohte Art.

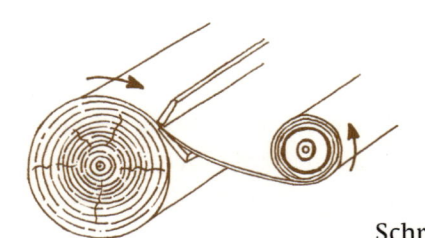

*oben* Mit scharfer Klinge wird Furnier vom Stamm geschält. Bei diesem Verfahren entstehen Furniere mit lebhafter Zeichnung.

*rechts* Edles Monster aus der Manufaktur: David Roentgens Großer Kabinettschrank wurde 1779 an den preußischen Kronprinzen ausgeliefert und kostete kaum weniger als ein kleines Schloss. Innen voller mechanischer Spielereien aus Seilzügen, Bleigewichten und Federn, präsentierte dieses Monument der Kunsttischlerei vielerlei Hölzer von Ahorn und Apfelbaum über Kirsche und Nussbaum bis zur Zeder. Vier Meter hoch, genug Platz für aufwendige Intarsien, Uhr, Flöten- und Glockenspiel.

außen gewölbt. Schnitzereien, Elfenbeineinlagerungen, Vergoldungen und vieles mehr machten aus Möbeln im Zeitalter der **RENAISSANCE** und des **BAROCK** geradezu kleine Bauwerke. Schränke wurden mit Säulen verziert und wirkten wie Tempelportale. Das alles war nur möglich, weil sich auch die Werkzeugkiste der Tischler immer mehr füllte. Viele Sägen gehörten dazu, lauter verschiedene Stemmeisen und viele, viele Hobel mit speziell geformten Klingen. Profilholzhobel hießen die und waren der Stolz jeder Werkstatt.

Die edelsten Hölzer wurden im Möbelbau verwendet. Und weil sie so selten und teuer waren, setzte sich schon früh eine Technik durch, die zu den anspruchsvollsten Arbeiten des Tischlers zählt, das Furnieren. **FURNIERE** sind ganz dünne, nur einen Millimeter starke Holzschichten, die aus den besten Stämmen gewonnen werden. Früher wurde das auch mit großen Sägen gemacht, aber Furniere werden eigentlich geschält, also mit scharfen Messern in großen Stücken vom Stamm abgetrennt. Diese dünnen Holzlagen wurden dann in einer Furnierpresse auf die großflächigen Teile eines Möbelstücks aufgeleimt. Der Schrank aus teurem Mahagoniholz bestand im Kern also vielleicht nur aus Kiefer. Das ist übrigens alles andere als eine Mogelpackung. Furnieren spart nicht nur Edelholz, es mindert, bei sorgfältiger Arbeit und Verwendung hochwertiger Leime, auch die Gefahr, dass sich das Holz der Möbel verzieht. Zudem bot das Furnieren für die Tischler eine ungeheure Freiheit bei der Gestaltung schön und auffällig gemaserter Flächen. Sollten Möbel noch kunstvoller werden, so wurden sie mit feinsten Einlegearbeiten versehen, den Intarsien. Intarsien sind schmückende Muster oder gar kleine Gemälde, die aus verschiedenfarbigen Hölzern mit der Laubsäge zugeschnitten und mit atemberaubender Genauigkeit in die Furnierschicht eingepasst wurden. Schon im alten Ägypten und in Ostasien gab es diese Technik, in Europa erlebte sie besonders im 17. und 18. Jahrhundert ihre Blütezeit.

Möbel ändern sich nach den Bedürfnissen der Menschen. Als zum Beispiel die adligen Damen am Hofe ihre überbreiten Reifröcke trugen, wurden auch Sessel und Stühle in Überbreite angefertigt. Und als im 18. Jahrhundert die Lust am Liebesbrief zu einer täglichen Leidenschaft wurde, da wurde aus dem gewöhnlichen Tisch oder Schreibtisch der sogenannte **SEKRETÄR**, ein verschließbarer Schreibtisch mit einem Aufsatz voller kleiner Fächer und Schubkästen, kunstvoll gearbeitet und raffiniert mit einem Geheimfach ausgestattet. Berühmt für ihre Sekretäre wurden zwei deutsche Kunsttischler, Abraham und David Roentgen, deren Möbel von Paris bis St. Petersburg begehrt waren. Natürlich waren die Roentgens auch meisterhafte Intarsienmacher. Ohne Intarsien wurde man als Tischler damals bei Hofe gar nicht erst vorgelassen.

Nun sind wir bei unserem Spaziergang im großen Haus der Möbel unversehens in die Abteilung der sündhaft teuren Einzelstücke geraten, die wir heute nur noch in Schlössern, Museen oder auf Möbelmessen besichtigen können. So wird es höchste Zeit, mal eine andere Abteilung aufzusuchen. Einfach und rustikal geht es da zu, **BAUERNMÖBEL** aus massivem Holz stehen hier, viele davon sind liebevoll bemalt, aber ihr schönster Schmuck sind die Spuren des täglichen Gebrauchs, kleine Kratzer und Riefen, Absplitterungen und abgewetzte Ecken und Kanten. Heute haben solche Möbel viele Liebhaber. Wenn sie in der Fabrik »nachgemacht« werden und die Hersteller versuchen, die Spuren des Alters wie bei vorgewaschenen Jeans gleich mitzuliefern, sieht das aber meist ein wenig unglücklich, eben künstlich aus.

Die alten Bauernmöbel kennen keine Mode. Über Generationen wurden sie nach bewährtem Muster hergestellt, mit nur geringen Veränderungen. Wir kennen ihre »Erfinder« nicht, ihre »Designer« sind unbekannt. Aber ihre Machart ist typisch für bestimmte Länder und Regionen. In kleinen Werkstätten wurden sie in Handarbeit hergestellt, durchaus schon in kleinen Serien, weil ja so viele Leute sie haben wollten. Damals wurde nicht lange ausgesucht, ein Stuhl musste her, also wurde er bestellt, gebaut, geliefert und bot bequemen Sitz für eine kleine Ewigkeit. Aber natürlich blieb die Zeit nicht stehen. Erfindungen wurden gemacht, Fabriken wurden gebaut. Die neue Zeit zog dann auch bald in die Tischlerei ein. Im 19. Jahrhundert hielten die ersten Kreissägen und Hobelmaschinen Einzug in die Werkstätten und beschleunigten die Handarbeit. Da wurden auch die Köpfe freier für ganz neue Methoden. Ein Tischler aus Boppard am Rhein zog nach Wien, baute Möbel für den Kaiser und verlegte Parkett. Aber berühmt sollten **MICHAEL THONET** und seine fünf Söhne erst werden, als sie ein ganz neues Möbel erfanden, den **WIENER KAFFEEHAUSSTUHL.** Aus hartem Buchenholz wurde dieser Stuhl gefertigt. Michael Thonet rückte dem Holz mit einem neuen Verfahren zu Leibe, dem Bugholzverfahren. In großen Kesseln setzte er runde Stäbe aus Buche unter heißen Wasserdampf. Das im Holz enthaltene Lignin – wir haben es als den Stabilisator des Holzes bereits kennen-

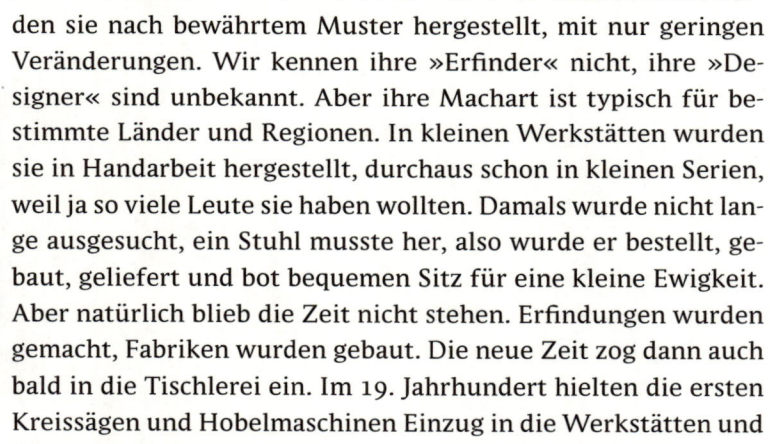

Bauernschrank

gelernt – wurde nach und nach weich. Dann holte man die Rundstäbe aus dem Kessel. Sie waren nun beliebig biegsam und wurden in große, speziell geformte Zwingen eingespannt. Jetzt musste das Holz trocknen und ruhen. So wurden aus den Rundstäben die vorgeformten Bauteile der Stühle, die man dann nur noch montieren musste. Die Sitzflächen der Stühle wurden aus Weidengeflecht gearbeitet. Leicht war er, der Thonet-Stuhl, grazil und elegant geschwungen, stabil und bequem. Aus den Wiener Kaffeehäusern trat er seinen weltweiten Triumphzug an und wird noch heute nahezu baugleich produziert.

Für lange Sitzungen im Kaffeehaus bestens geeignet: der Urtyp des Thonet-Stuhls

## DER SUPERLEICHTE

»Superleggere«, der Superleichte aus Italien, ist ein Stuhl aus Eschenholz mit einer aus Schilfrohr geflochtenen Sitzfläche. Der Mailänder Gio Ponti entwarf ihn 1957. Seine Schlichtheit und Bequemlichkeit machten diesen Stuhl berühmt. Ganz dünn sind seine Beine und Sprossen. Hierfür ist Esche, die in Europa, Vorderasien und Nordamerika wächst, eine gute Wahl. Sie liefert ein tolles Holz. Es ist weißlich bis hellbraun, fest, zäh und hart – und dabei von hoher Elastizität, sozusagen eine Eiche, die sich auch noch biegen kann. Sportgeräte werden aus Esche gefertigt, und auch schon die ersten Steinäxte des Menschen in der Jungsteinzeit hatten Stiele aus Esche. Über den grazilen Superleggere, der sich auf dem Finger balancieren lässt, gibt es einen Testbericht: Man ließ ihn aus dem vierten Stock eines Gebäudes fallen. Unten federte der Stuhl »wie ein Ball« und blieb unversehrt. Esche eben!

Der Thonet-Stuhl war anregend und folgenreich. Denn jetzt wollte fast jeder berühmte Architekt auch einen berühmten Stuhl entwerfen. Aber der Stuhl ist das schwierigste Möbel überhaupt. Das weiß jeder, der in der Schule oder im Büro auf ihnen sitzen muss. So entstanden zwar viele schöne und interessante Stühle, doch wirklich bequem und alltagstauglich waren die wenigsten von ihnen, es waren eher Stühle zum Anschauen, nicht zum Sitzen. Der berühmte Architekt Mies van der Rohe kam zu der Einsicht: »Es ist schwerer, einen guten Stuhl zu bauen als einen Wolkenkratzer.«

Über die Jahrhunderte blieb der Möbelbau eine Handarbeit. Im Laufe des 20. Jahrhunderts sollten Möbel aber mehr und mehr in **SERIENFERTIGUNG** und dann in **MASSENFABRIKATION** entstehen. Das muss gar nicht unbedingt die Qualität und Haltbarkeit mindern. Doch wenn der Verkaufspreis wichtiger wird als alles andere, dann schon. Wenn die sauber verzapfte und verleimte Verbindung ersetzt wird durch Schrauben und Metallwinkel, wenn man billiges Material verwendet, dann werden Möbel bald schief und wackelig, dann klemmen die Türen, dann quietschen Bett und Stuhl. Solche billigen Möbel landen oft schon nach wenigen Jahren auf dem Sperrmüll. Eigentlich eine ungeheure Energieverschwendung.

Aber nicht nur auf dem Flohmarkt, sondern auch auf dem Sperrmüll finden Liebhaber mit ihrem geschulten Blick nach wie vor richtig schöne Möbelstücke. Sie werden weggeworfen, weil sie ein wenig unansehnlich geworden sind, aber im Grunde brauchen sie nur eine Auffrischung. Oft sind sie handwerklich besser gearbeitet als ihre Nachfolger. Sie müssen nur repariert, abgeschliffen, neu lackiert, gewachst oder geölt werden. Lässt man das von einem Fachmann machen, ist das meist zu teuer. Aber wer Lust dazu hat und es selber machen kann, der kann ein ganz einmaliges Möbel in sein Zimmer stellen, ein Möbel mit Geschichte.

Deutschland ist nicht nur ein Land der Baumärkte, es ist auch ein **MÖBELLAND**. Für ihre Möbel geben die Deutschen im weltweiten Vergleich immer noch sehr viel Geld aus. Daher werden in Tischlereien heute auch wieder Möbel gebaut, Einzelstücke, kleine Serien, ganz nach den Wünschen der Kunden. Als in den 1960er Jahren die großen Möbelhäuser mit ihren riesigen Ausstellungsflächen entstanden, da ging es für kleinere und mittlere Werkstätten mit dem Möbelbau abwärts. Doch im Laufe der Jahre gab es auch wieder eine Gegenbewegung. Und die hat sehr viel zu tun mit dem Bewusstsein für unsere Umwelt und die Schätze der Natur. Holz bekam eine neue Faszination, das natürliche Material wurde auch im Möbelbau wiederentdeckt. Aber Holz ist nicht gleich Holz. Wo kommt es her? Wie wird es »geerntet«? Werden ganze Wälder abgeholzt, nur um unser Bedürfnis nach »Natürlichkeit« zu befriedigen? Werden die Wälder wieder aufgeforstet? Solche Fragen sollte der kritische Möbelkäufer heute stellen.

Immer neue Varianten einer Idee: Schaukelstuhl und Dreibeiner von Thonet

*oben* Mit allen Spuren und Verletzungen eines langen Baumlebens: Aus Straßenbäumen fertigt eine Berliner Werkstatt rustikale Möbel, die ganz auf die Wirkung der Hölzer setzen.

*unten* »Centipede« (Hundertfüßler) heißt das Bett aus massivem Erlenholz. Durch die verschiebbaren Winkelelemente lässt es sich auch in andere Möbel verwandeln.

Und im ganzen Land gibt es mittlerweile junge Tischler, die mit Mut und Energie **EIN ALTES HANDWERK WIEDERBELEBEN**. Viele von ihnen verstehen sich auch als Designer, die mit eigenen, ganz eigenwilligen Entwürfen ihre Kunden finden wollen. Sie verbinden das ökologische Bewusstsein mit der Lust an gewagten Formen und neuen Ideen. Es macht richtig Spaß, ihre Möbel anzuschauen. Die schönsten sind reine Liebeserklärungen ans gewachsene Material, ans Holz.

# REISSER, SCHNITZER UND SKULPTUREN
## HOLZ UND KUNST

In den ersten Jahren des 20. Jahrhunderts stießen europäische Künstler auf fremdartige Kunstwerke, die sie unglaublich faszinierten. **SCHNITZEREIEN AUS AFRIKA** hatten als Souvenirs von Soldaten und Reisenden ihren Weg in europäische Städte gefunden und wurden dort in kleinen Läden für wenig Geld verkauft. Die Skulpturen und Masken beeindruckten durch ihre einfachen Formen und ausdrucksstarken Gesichter. Sie waren keine naturgetreuen Nachahmungen von Menschen oder Tieren, sondern fast geometrisch aufgebaute Gestalten, der Fantasie entsprungen. Alles Beiwerk ließen die Künstler an ihren Figuren weg, doch Augen, Mund und Hände konnten übergroß sein. Fremdartig und grob, aber auch neu und befreiend wirkten diese Werke auf die europäischen Künstler, die ohnehin schon dabei waren, alte Regeln der Darstellung komplett zu missachten und nach neuen Ausdrucksformen zu suchen. Der spanische Künstler **PABLO PICASSO** war einer von ihnen. Er fand die afrikanischen Holzobjekte in Paris. Da sie nicht allzu teuer waren, kaufte er etliche von ihnen. Und es sollte nicht mehr lange dauern, da wurde die Anregung, die sie ihm gaben, in seinen Gemälden sichtbar.

Reine Kunstwerke aber waren die afrikanischen Masken und Figuren gar nicht, sondern sie dienten vor allem als religiöse Gegenstände. Sie verkörperten Gottheiten und Vorfahren, sie wurden bei Tänzen und Riten verwendet, sie bannten Bedrohungen und Unglück oder spendeten Gesundheit und gute Ernten. Wie sonst nirgendwo war Holz das vorherrschende Material für die afrikanischen Künstler. Das hatte allerdings eine traurige Folge, denn besonders alt wurden ihre Werke nicht. Unter den klimatischen Bedingungen in Zentralafrika litt das Holz. Hohe Temperaturen und Feuchtigkeit griffen es an, Pilze und Bakterien zersetzten die Fasern und bereiteten Würmern und Insekten ein geeignetes Quartier. Hinzu kamen die Termiten, die brutalsten Holzzerstörer überhaupt. Aber die Schnitzer schnitzten unentwegt und schufen immer neue Figuren. Bis heute. Afrikanische Schnitzereien sind, in allen Preislagen und unterschiedlichster Qualität – leider auch als Fälschungen –, ein fester Bestandteil der Kunstmärkte in aller Welt.

Auch unter einigen deutschen Künstlern lösten die Figuren aus Afrika große Begeisterung aus. Es war fast so, als hätten sie auf so etwas gewartet. In Dresden fanden sich 1910 einige gleichgesinnte Künstler zusammen. Sie bildeten eine Vereinigung, um gemeinsam Ausstellungen zu organisieren und ihre Auffassung vom künstlerischen Schaffen zu verbreiten. Sie nannten sich **»DIE BRÜCKE«.** Heute sind sie aus der Kunstgeschichte nicht mehr wegzudenken, damals waren sie verspottete Außenseiter. Ernst Ludwig Kirchner, Karl Schmidt-Rottluff, Erich Heckel und Max Pechstein sind die bekanntesten Brücke-Künstler. In ihren Gemälden schwelgten sie in Farben. Aber sie entdecken auch das Material Holz ganz neu für ihre Kunst. Besonders Kirchner und Heckel schufen grob aus dem Holz gehauene Figuren, die ihre Verwandtschaft zu den Werken aus Afrika oder aus der Südsee gar nicht verleugneten. Kirchner schätzte das Holz, weil es sich unter seinen Händen so einfach und wie selbstverständlich zu einer Gestalt formen ließ. Er sagte: »In jedem Stamm steckt eine Figur, man braucht sie nur herauszuschälen.« Die Arbeit mit Holz war ihm ein Genuss und eine Schule des Sehens zugleich.

Solche Freude am Holz machte gerade in diesen Jahren viele Maler auch zu Bildhauern. Anders als bei Skulpturen aus Marmor und Bronze war die Arbeit mit Holz schnell, direkt und mit geringem Aufwand verbunden. Wenige Werkzeuge und ein Satz guter Stechbeitel und Hohleisen reichten schon aus, um zu erkunden, welche Figur man freischnitzen würde. Den Brücke-Künstlern ging es nicht um die Glätte von Marmor und die Perfektion von Metall, sie suchten **NEUE GESTALTEN UND FORMEN** und kamen so zum Holz. Und das nicht nur durch das Schnitzen, sondern auch durch die Wiederentdeckung einer alten Technik des Druckens. Schmidt-Rottluff und Kirchner schufen herrliche Holzschnitte.

Der **HOLZSCHNITT** ist ein altes Verfahren der Bildherstellung. Die Chinesen entdeckten es schon im 6. Jahrhundert, nur wenig später die Ja-

## TERMITENALARM!

Über diese Insekten wollen wir lieber nicht so ausführlich sprechen. Denn: Termiten fressen Holz. In den afrikanischen Steppen und Savannen bauen sie ihre zwei bis drei Meter hohen spitzen Erdhügel. Das sind ihre Staatsgebäude, errichtet aus Holzfraß, Erde, Speichel und Kot. Staatsform ist die Monarchie: Es gibt eine Königin und einen König, viele Arbeiter und Soldaten. Termiten sind nur wenige Millimeter lang, einige Arten bis zu zwei Zentimeter. Augen haben sie nicht, dafür aber Beißwerkzeuge. Es gibt sie auch in anderen tropischen Zonen, in Amerika und in Australien. Sie sind gefürchtet und können ganze Gebäude zermahlen. Auch ihre Verwandten sind nicht beliebt, die Schaben.

paner, die es zu einer auch in Europa viel bestaunten Meisterschaft führten. Wie der Linoldruck ist der Holzschnitt ein Hochdruckverfahren. Hochdruck bedeutet, dass die Farbe auf den hoch oder »erhaben« stehenden Elementen aufgetragen wird. Kaltnadelradierung und Kupferstich sind die Gegenbeispiele, sie sind Tiefdruckverfahren. Hier wird die Farbe in die Vertiefungen der Metallplatte gerieben, die erhabenen Partien werden von der Farbe befreit, und die tiefen Partien drucken dann auf besonders saugfähiges Papier. Ob Hochdruck oder Tiefdruck, richtig Spaß machen beide Verfahren und sind spannend bis zum ersten Abdruck des Motivs.

Etwa zwei Zentimeter starke Holzplatten dienten den Holzschneidern als Druckstock, in den die Bilder geschnitzt wurden. Bevorzugte Hölzer waren Nussbaum, Birnbaum und andere Obsthölzer. Sie ließen sich gut und genau bearbeiten, waren aber auch hart genug, um viele Abzüge ohne Qualitätsverlust zu drucken. Die Künstler fertigten oft nur die Zeichnung des Motivs an. Mit der Zeichnung gingen sie dann zum **»REISSER«**, der sie spiegelverkehrt in den Druckstock ritzte, also den Aufriss ausführte. Anschließend ging der **FORMSCHNEIDER** an die Arbeit, er schnitzte und schnitt mit scharfen Messern und Eisen alles weg, was weg sollte. Keine Arbeit für Hektiker, die Formschneider hatten genau und fehlerfrei zu arbeiten, sonst war das Holz verdorben und sie mussten wieder von vorn anfangen. Waren alle Stellen herausgeschnitten, konnte gedruckt werden. In der Druckwerkstatt entstanden dann ohne Weiteres mehrere Hundert Druckblätter von einem Stock. Der Holzdruck war ein arbeitsteiliges Verfahren, an dem mehrere Personen beteiligt waren. Künstler, die auf ihren Ruf achteten, hatten aber immer ein wachsames Auge auf die exakte Ausführung ihrer Werke.

Ernst Ludwig Kirchner, *Die tanzende Mary Wigman* (1933)

Reisser und Formschneider bei der Arbeit, aus dem *Ständebuch* von Jost Amman, 1568

In Europa erlebte der Holzschnitt seit dem 15. Jahrhundert eine Blütezeit. Es gab ihn zwar schon, bevor Johannes Gutenberg den Buchdruck erfand, aber erst mit den Möglichkeiten der Drucktechnik setzte er sich überall durch. Bilder, Plakate, Flugschriften und dann vor allem Illustrationen für Bücher entstanden im Holzdruck. Fast 2000 Holzschnitte beispielsweise illustrierten das Wissen der Welt, das in der *Schedel'schen Weltchronik* von 1493 versammelt wurde. Der Holzdruck machte Bilder erschwinglich und verschaffte den Künstlern zusätzliche Einkünfte.

Der berühmte **ALBRECHT DÜRER** trieb das Verfahren zu ungeahnter Meisterschaft. 1498 erschien seine Bildfolge zur biblischen Apokalypse des Johannes. Und 1515 brachte er den Menschen per Holzschnitt das Bild eines merkwürdigen fremden Tieres aus dem fernen Indien ins Haus. Erst kurz zuvor hatte ein Schiff ein Nashorn nach Lissabon transportiert. Für die Menschen war das eine Sensation. Dürer reagierte sofort, und sein Bild von dem »Rhinocerus«

wurde ein Riesenerfolg in vielen Auflagen. Insgesamt hat Dürer rund dreihundertfünfzig Holzschnitte geschaffen. Die vielen Details, die großartige räumliche Wirkung – was Dürer ins Holz brachte, hatte man in dieser Technik bislang nicht gesehen. In Nürnberg stand seine Werkstatt, und nur die besten Handwerker durften für ihn arbeiten.

Dann aber wurde Meister Dürer, wie viele andere auch, dem Holzschnitt doch untreu, nachdem er den Tiefdruck kennengelernt hatte. Aus dem Freund des Holzes wurde ein Kupferstecher. Der

Ein exotisches Tier für die Wohnstube: Albrecht Dürers Bild vom Rhinocerus

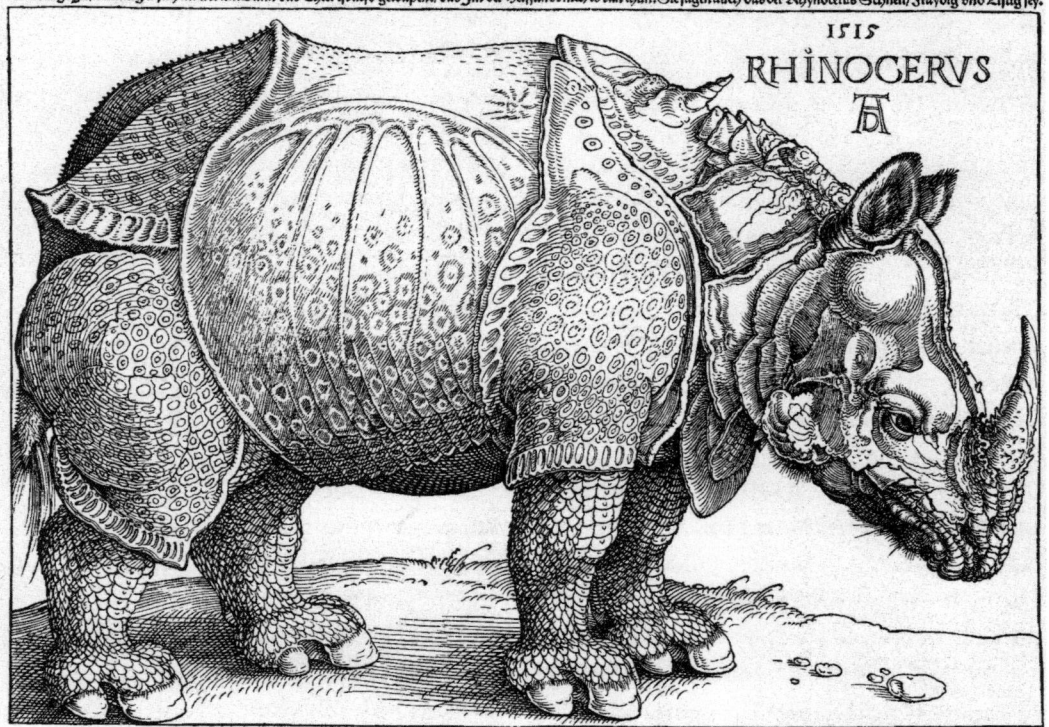

Tiefdruck schien ihm noch größere Genauigkeit zu versprechen. Da hatte er recht, doch als Jahrhunderte später die Künstler der Brücke den Holzschnitt wiederentdeckten, kam es ihnen auf ganz andere Dinge an. Sie wollten keine Genauigkeit, sondern ihre Holzschnitte lebten von der Grobheit der Darstellung, ihre Farbflächen zeigten die Maserung des Druckstocks, ihre Arbeiten waren ganz bewusst und in neuer Frische »holzschnittartig«.

In die Zeit Albrecht Dürers führt uns die **SCHNITZKUNST** noch einmal zurück. Im ausgehenden 15. Jahrhundert erlebte auch das Bild- und Figurenschnitzen eine Blütezeit. Die kunstvollsten Schnitzaltäre entstanden in diesen Jahrzehnten. Mit ihrem Gewimmel aus biblischen Figuren stellten sie den Gläubigen die Geschichten aus der Bibel fast anfassbar vor Augen. Belebte Gesichter in froher Erwartung oder tiefem Schmerz, betende Hände, stille Gesten, entrückte Blicke – alles aus dem Holz geschält, gestochen und geschabt. Zu den berühmtesten Meistern der Holzbildhauerei dieser Zeit gehört **TILMANN RIEMENSCHNEIDER**. Er war auch der Erste, der dem Holz besondere Hochachtung erwies: Seine Figuren ließ er nicht bemalen oder vergolden, ihnen hauchte die natürliche Maserung des Holzes Leben ein.

Riemenschneider lebte als wohlhabender Bürger in Würzburg, er saß im Rat der Stadt und war nach 1520 sogar eine Zeit lang der Bürgermeister. 1525, als in der Folge der lutherischen Reformation der Bauernkrieg viele Städte und Regionen

## EXPERIMENT: HOLZSCHNITT MIT LAUBSÄGE

Du bist nicht Dürer und heißt auch nicht Schmidt-Rottluff, willst aber auch mal mit Holz drucken? Einfach probieren! Ein schönes, kleines Stück Sperrholz reicht schon, am besten mit Eiche furniert, dann erscheint die Holzmaserung im Druckbild besonders gut. Zuerst werden die Umrisse gezeichnet. Kein Beitel und kein Klüpfel zur Hand? Nimm die Laubsäge und säg dein Motiv aus. Dein Druckstock ist ein Sperrholz-Puzzle. Die Einzelteile werden getrennt und dann wie beim Linoldruck mit Farbe berollt, der Mehrfarbdruck ist kein Problem. Alles wieder zusammenstecken. Beim Zeichenbedarf kannst du dir ein gutes, etwas dickeres Papier beschaffen, Büttenpapier vielleicht. Den Druckstock legst du dir auf eine alte Holz- oder Spanplatte, dann das Papier auflegen, vielleicht noch eine Pappe oder ein Tuch und dann noch eine zweite Holzplatte obendrauf. Jetzt musst du nur noch Druck machen. Gar nicht so einfach. Ein Sack Kartoffeln reicht jedenfalls nicht. Eine alte Presse? Ein paar Holzzwingen? Oder du lässt jemanden mit dem Auto drüberfahren? Aber vorsichtig, es darf nichts verrutschen. – Bisschen verrückt, aber toll geworden. Zehn Abzüge?

Andächtige Jünger in Linde: Szene aus Tilmann Riemenschneiders Marienaltar in Creglingen, *von links nach rechts:* ein Engel zu Füßen Marias, Johannes, mit gekreuzten Armen Matthäus, Thaddäus (*oben links*), Simon, darunter Matthias und mit Buch Jakobus der Ältere

erfasste, stand auch Riemenschneider auf Seiten der rebellierenden Bauern und Bürger. Doch die Landsknechte des Bischofs von Würzburg schlugen den Aufstand nieder. Riemenschneider kam in den Kerker und wurde gefoltert. Nach seiner Freilassung erhielt er nie wieder Aufträge und starb 1531 in Armut. Zu seinen Meisterwerken gehört der **MARIENALTAR IN DER HERRGOTTSKIRCHE ZU CREGLINGEN** im Taubertal, unweit von Rothenburg. Hoch aufstrebend ist dieser Altar aus Lindenholz, in reichlich Ranken- und Blätterwerk gipfelnd. Dargestellt wird Mariä Himmelfahrt, und im Zentrum steht die Jungfrau Maria. Schon fast entrückt schweben fünf kleine Engel um sie herum, jeder von ihnen ein kleines Meisterwerk, Holz, von der Schwerkraft befreit. Zu Füßen Marias die Jünger, in Anbetung versunken. Riemenschneider verlieh seinen

Figuren immer eine gewisse innere Ruhe. Der ganze Altar aber ist ein bewegtes Spiel aus Licht und Schatten. Fast zehn Meter misst er in der Höhe und knapp vier in der Breite. 1530 wurde die Kirche lutherisch, Riemenschneiders Altar wurde zugeklappt, verhängt und verschwand hinter einer Bretterwand. Erst 1832 wurde er wieder freigelegt. Heute ist das gut erhaltene Kunstwerk weltberühmt.

Damit nicht genug. Die Creglinger Kirche ist fürwahr ein Tempel der Schnitzkunst. Denn sie beherbergt nicht nur Meister Riemenschneider, sondern auch seinen ebenso berühmten Kollegen und Zeitgenossen **VEIT STOSS**, der sein Handwerk in Nürnberg erlernte. In der Herrgottskirche steht sein Hochaltar, der die Kreuzigung Christi zeigt. Stoß übersiedelte später nach Krakau. Und in der dortigen

Bleibt die Linde von der Liebe der Bildhauer und Schnitzer verschont, wird sie über die Jahrhunderte zum Kunstwerk der Natur, zum Wahrzeichen in der Landschaft.

## UNTER DEN LINDEN

So heißt Berlins berühmte Prachtstraße. Doppelreihig stehen die Linden auf dem Mittelstreifen. Linden sind keine Waldbäume, sie wachsen in den Parks, sie säumen die Straßen und die schönsten Bolz- und Dorfplätze. Unter der Linde – da traf man sich in alten Zeiten zum Reden und Tratschen, zum Tanz und zur Heirat. Unter Linden hielten die Germanen strenges Gericht. Es gab Blut- und Geisterlinden. Das ist lange her, doch die Bäume stehen und grünen noch immer: Linden werden bis zu tausend Jahre alt. Mag ihr Stamm dann auch recht hohl und morsch geworden sein, ein wenig Zement, ein paar Metallträger für die schweren ausladenden Äste und schon wächst wieder neues Grün, kleine herzförmige Blätter und süßlicher Blütenduft. Der Tee aus der Lindenblüte treibt den Schweiß und senkt das Fieber. Vielen Orten gab die Linde ihren Namen: Lindau, Lindenfels und Lindenberg – und noch mehr Wirtshäusern, die alle »Zur Linde« heißen, warme Speisen, gepflegte Getränke. Linden machen glücklich.

Marienkirche befindet sich eines seiner Hauptwerke, sein Marienaltar, ebenfalls unbemalt, auf's Holz vertrauend.

Das **HOLZ DER LINDE** gehörte und gehört zu den beliebtesten Schnitzhölzern. Es ist seidig glänzend, weich, dicht und feinporig und daher leicht zu bearbeiten. Gut ausgetrocknet, ist es ideal für den Schnitzer. Dem Holzwurm allerdings bietet es wenig Widerstand. Ebenfalls leicht zu schnitzen ist das Holz vom Birnbaum. Doch auch mit Kastanie, Kirschbaum, Ahorn, Mahagoni und Buche geht es recht gut. Erfahrene Schnitzer schrecken auch vor härteren Hölzern nicht zurück, etwa Pflaumenbaum, Esche, Eiche, Lorbeer oder Walnuss. Beitel heißen die scharfen Eisen der Schnitzer. Es gibt sie in allen erdenklichen Varianten, Formen und Rundungen. Hohleisen haben eine gerundete Schneide, Balleisen eine gerade. Nur mit einem großen Sortiment an verschiedenen Schnitzeisen gelingt die vollkommene Reise ins Holz. Und in der Hand hält der Bild- und Figurenschnitzer noch ein Holz, den Klüpfel. Das ist ein Hammer aus hartem Holz, aus Buche oder gar aus dem ultraharten Pockholz aus Zentralamerika. Der Klüpfelstiel muss elastisch sein, hierfür eignet sich Eschenholz. Dieses Werkzeug mit seinem kurzen Stiel und einem gerundeten Kopf hat sich über Jahrhunderte kaum geändert: Egal, wie der Klüpfel auf das Eisen schlägt, immer wird durch die Rundung die Schlagkraft in die Richtung des Beitels gelenkt.

Noch so viel gäbe es zu entdecken zum Thema Holz und Kunst: Holzschnitte von Käthe Kollwitz und Frans Masereel etwa oder die Figuren von Ernst Barlach. Eine neue spannende Kunstrichtung ist unter dem englischen Begriff *land art* bekannt, Kunst in der Landschaft. Die Werke dieser Künstler stehen in freier Natur und sind von ihr manchmal kaum zu unterscheiden. Sie sollen gar nicht für immer bestehen. Zweige, Äste, Baumstämme und Blätter spielen eine wichtige Rolle. Sie bleiben häufig fast unbearbeitet und werden nur neu angeordnet und mit anderen Materialien kombiniert. In diesen Kunstwerken geht es immer auch um die Natur, von der wir leben und aus der unser Holz kommt.

Über dreißig Arten der Linde gibt es. Sie wachsen in Europa, Asien und Nordamerika. Gut nicht nur für die Kunst, sondern auch für die Musik: Das Lieblingsholz der Schnitzer schätzen auch die Instrumenten- und Orgelbauer. Nur einem wurde die Linde zum Verhängnis. Als in der Sage von den Nibelungen der junge Siegfried im Blute des gerade von ihm erlegten Drachen badete, da fiel ein kleines Lindenblatt auf seinen Rücken. Rundum gepanzert, unverwundbar, war der Recke nach dem Bade. Nur diese kleine Stelle – die kannte der böse Ritter Hagen und traf mit seinem Speere den wunden Punkt.

Großstadtleben im Holzschnitt: Frans Masereel (1889–1972), aus der Bildserie *Mein Stundenbuch* (1919)

# Baum und Wald — 2 —
# Die Eiche: Wachstum bis ins hohe Alter

Im Winter, wenn unsere Eiche ohne Laub dasteht, erkennt man ihre Gestalt am besten. Sie ist ein Baum mit vielen krummen Ästen und gebogenen Zweigen, die alle zusammen eine mächtige Krone bilden. Nur kurz ist der Stamm, dann verzweigt er sich schon. Wenn Eichen im Wald stehen, streben sie im *Wettbewerb um Licht* viel mehr in die Höhe, bis zu 40 Meter. Durch die enge Nachbarschaft anderer Bäume verringert sich die frühe Zweigbildung. Alle wollen nach oben, zum Licht, da bleibt für die Ausdehnung in die Breite keine Zeit und Energie. Ohne die grünen Blätter aber gibt es kein Wachstum. Im Winter pausieren die Bäume. Doch an den Zweigen sitzen schon die Knospen, die künftigen Blätter, geschützt in einer Hülle aus rostbraunen Schuppen.

    Sobald im Frühjahr das Wachstum erneut einsetzt, wird die Eiche wieder zu einem lebendigen und umschwärmten Ort. Jeder Baum beherbergt eine *Vielfalt von Tieren und Pflanzen.* Aber die Eichen sind das beliebteste Baumhotel in unseren Breiten. Am auffälligsten und lautesten sind natürlich die Vögel. Selbst am harten Eichenholz machen sich Spechte zu schaffen und klopfen sich

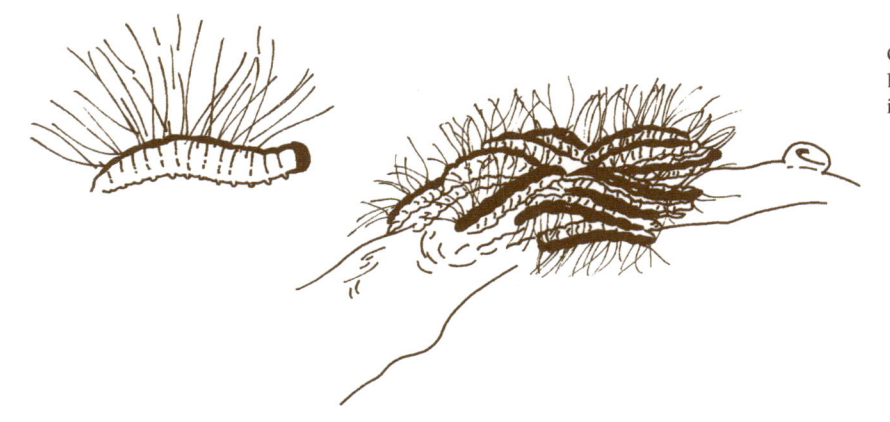

Gefahr für die Eiche: Prozessionsspinner im Anmarsch

ihre Bruthöhlen. Verlassene Höhlen der Spechte nutzen später auch andere Tiere, Fledermäuse zum Beispiel.

Die Blätter des Baumes sehen oft schon im Sommer arg mitgenommen aus, angefressen und durchlöchert. *Schmetterlingsraupen und Käfer* sind unersättlich. Wenn die Eiche sich nicht wehren würde, wäre das noch schlimmer. Durch eine Säure, das Tannin, macht sie ihre Blätter für die Raupen schwer verdaulich. Eine Abhilfe, mehr aber nicht, denn das frische Grün, der erste Trieb, ist noch säurefrei, also legen die Raupen nach dem Schlüpfen im Frühjahr gleich richtig los. Der Eichenzipfelfalter mag nur Eichen, und auch der prächtige Kaisermantel bevorzugt Eichenwälder. Geradezu kunstvoll geht ein kleiner Rüsselkäfer mit den Blättern der Eiche um. Der Rote Eichenkugelrüssler schneidet das Blatt von beiden Seiten ein, dann faltet und rollt er es entlang der Mittelrippe und legt in dem fertigen Blattwickel seine Eier ab. Wieder häufiger tritt der Eichenprozessionsspinner auf. Die Raupen dieses Schmetterlings kommen oft im meterlangen Parademarsch daher und befallen bevorzugt Eichen. Das bunte Treiben vervollständigen allerlei Wanzen, Läuse,

Lichtspiele im Buchenwald! Fünf naturnahe Buchenwälder in Deutschland wurden 2011 von der UNESCO zum Weltnaturerbe erklärt: Jasmund auf Rügen, Kellerwald in Nordhessen, Serrahn an der Müritz, Hainich in Thüringen, Grumsin in Brandenburg. Schon länger in der Liste sind die Buchenurwälder der Karpaten in der Slowakei und Ukraine.

Spinnen und Insekten. Einige von ihnen verursachen, besonders an der Eiche, merkwürdige Wucherungen an Knospen und Blättern, die sogenannten Gallen. Haupterzeuger dieser kleinen runden Gebilde sind die Gallwespen. Die Gallen dienen den Insekten zur Eiablage. Die sogenannte Deutsche Galle, eine der häufigsten Arten, wurde früher zur Herstellung von haltbarer Schreibtinte genutzt.

An den Baumwurzeln siedeln sich *Pilze* an. Vom Baum beziehen sie Nährstoffe, Kohlehydrate. Aber die Pilze bringen dem Baum auch Nutzen, indem sie ihm die Aufnahme mancher Stoffe aus dem Waldboden erleichtern. Eine Gemeinschaft mit gegenseitigem Nutzen also. Zu den Pilzen gehören auch die Baumschwämme, die sich wie Wucherungen an die Stämme legen. Diese Pilze zählen zu den wenigen Organismen, die es unmittelbar auf das Holz abgesehen haben. Sie können das Lignin zersetzen und verdauen. Einige Arten der Schwämme befallen auch lebendes Holz, aber die meisten sitzen auf dem toten Holz der abgestorbenen Bäume.

Wenn Pilze allerdings geschnittenes und verarbeitetes Holz befallen, dann kann es schlimm werden. Der *Hausschwamm* befällt Balken, Fußböden und Wandverkleidungen, er macht das Holz »würfelbrüchig« und nimmt ihm die Stabilität. Selbst die harte Eiche kann ihm nicht lange widerstehen. Der Pilz ist zäh und kaum wirkungsvoll zu bekämpfen, seine Sporen überleben selbst große Temperaturunterschiede. Auch nach langer Trockenheit ist der Hausschwamm nicht abgestorben. Befallenes Holz ist nicht mehr zu retten, es muss ersetzt werden. Im Vergleich zum Schwamm erscheint der Wurm fast wie ein freundlicher Geselle.

Unsere Eiche gehört zu den Bäumen, die viel Licht benötigen. Dafür wächst sie aber auch schon in ihren ersten Lebensjahren recht schnell. Darum sind Eichen, wie Birken, Kiefern und Lärchen, viel besser in der Lage, kahle Flächen wieder zu bewalden. Das ist schon bemerkenswert, denn der Zuwachs der Eiche ist eigentlich gar nicht auf die Sprintstrecke ausgelegt, sondern auf die Langstrecke. Einfacher gesagt: Sie werden sehr, sehr alt. Die *»Tausendjährige Eiche«*, das ist zwar die

## 7000 Eichen

»Stadtverwaldung statt Stadtverwaltung«, so lautete die Parole, mit der der Künstler Joseph Beuys 1982 zur documenta in Kassel anreiste. Alle fünf Jahre wird die hunderttägige große Ausstellung zeitgenössischer Kunst in der hessischen Stadt veranstaltet. Joseph Beuys ist mit seinen Kunstwerken aus den verschiedensten Materialien, vor allem Filz und Fett wurden zu seinen Markenzeichen, weltberühmt geworden. 1982 aber huldigte er den Bäumen, denen er eine viel höhere Intelligenz als den Menschen zusprach. Zu Beginn ließ er 7000 Basaltsteine auf dem Kasseler Friedrichsplatz aufschichten. In den kommenden Jahren sollten dann 7000 Eichen im Kasseler Stadtgebiet gepflanzt werden, neben jeder sollte einer dieser Basalte stehen. Der Künstler wollte mit seiner riesigen »Skulptur« ein »ökologisches Zeichen« setzen. Als Beuys 1986 starb, waren 5500 Bäume gepflanzt, aber nicht nur Eichen, sondern auch Eschen, Linden, Platanen, Ahorne und Kastanien. Bemerkenswert: Unter den Baumpaten aus aller Welt waren rund 1000 Japaner. Zur Eröffnung der documenta im Jahr 1987 pflanzte der Sohn des Künstlers den 7000. Baum.

# Buche und Eibe unter einem Dach

Vom Eingriff des Menschen abgesehen, sind Höhenlage, Bodenbeschaffenheit und Niederschlagsmenge die wichtigsten Faktoren dafür, welche Baumarten gedeihen und sich durchsetzen. So entstehen verschiedene Waldtypen und besondere Baumgesellschaften. Auf Kalkböden wachsen bei hinreichender Regenmenge Buchen besonders gut. Unter ihrem Dach finden aber auch die seltenen Eiben ihr Auskommen, denn sie brauchen nur wenig Licht. Einen großen Buchen-Eiben-Wald gibt es im Naturpark Eichsfeld-Hainich-Werratal in Thüringen. Die Eibe ist ein Nadelbaum mit einer dunkelgrünen Krone. Eiben werden sehr, sehr alt und bis zu zwanzig Meter hoch. Den Germanen waren sie ein Symbol für ewiges Leben und die Römer sahen in ihnen den Totenbaum. Das feste elastische Holz der Eibe war ideal für den Bau von Bögen und Armbrüsten. Gefährlich aber sind auch die Bäume selbst. Der Verzehr nur weniger Nadeln der Eibe kann schon tödlich sein, für Mensch und Haustier. Nur für Rehe und Rotwild sind die Nadeln und roten Früchte der Eibe geradezu ein Leckerbissen.

Ausnahme, aber mehrere Hundert Jahre kann eine Eiche schon werden, wenn man sie in Ruhe lässt und der Blitz sie nicht trifft. Auch die Linde kann in unseren Gefilden ein so hohes Alter erreichen. Übertroffen werden beide freilich von der Eibe, die vermutlich an die zweitausend Jahre überdauern kann. Aber die ist selten und wird auch nicht besonders groß.

Eichen stellen, obwohl sie ein so wertvolles Holz liefern, gar nicht so große Ansprüche an den Boden. Auch auf flachen Böden, die die Feuchtigkeit nicht lange halten, und in Regionen mit eher geringen Niederschlägen können sie sich behaupten. Sie kommen gut zurecht auf armen, sauren und nassen Böden. Ihr Lieblingsgrund sind schwere, feuchte Böden, in die sie mit ihren robusten Wurzeln tief eindringen. Und so besetzt die Eiche bis heute einen beachtlichen *Anteil unserer Waldfläche,* nämlich knapp 10 Prozent. Von den Laubhölzern übertrifft sie nur die *Buche* mit knapp 15 Prozent. Auf Kalkböden ist die Buche, solange es genug regnet, allen anderen Arten an Durchsetzungskraft überlegen. Aber auch an anderen Standorten ist sie zum beherrschenden Laubbaum in unseren Breiten geworden. Einer der Gründe für den Erfolg der Buche: Die jungen Pflanzen kommen auch mit wenig Licht voran und wachsen im Schatten anderer Arten. Denen aber fällt es schwer, sich unter den eindrucksvollen Kronen der hochgewachsenen Buchen die notwendigen Sonnenstrahlen zu ergattern. Viele Forstwissenschaftler sagen: Ohne den Eingriff des Menschen würde die Buche fast ganz Deutschland bedecken.

Doch es sind zwei Nadelhölzer, die den größten Anteil unseres Waldbestandes ausmachen. Fast 30 Prozent besetzt die *Fichte* und gut 23 Prozent hält die *Kiefer.* Dass sie so verbreitet sind, verdankt sich dem Waldbau, der an ihnen vor allem den schnellen jährlichen Zuwachs schätzt. Heute möchte die Forstwirtschaft den Laubhölzern wieder mehr Raum geben (Laubhölzer besiedeln derzeit 38 Prozent der Waldfläche Deutschlands, Nadelhölzer 62 Prozent). Was so oft gilt, das gilt beim Wald besonders: Auf die Mischung kommt es an.

Nun müsste ja eigentlich die Buche, die sich ohne Eingriff des Menschen auf unseren Böden durchsetzen würde, als *der »deutsche Baum«* schlechthin gelten. Das tut sie aber nicht. Diesen ganz inoffiziellen Titel trägt nämlich seit alters her die Eiche. Warum das so ist, darüber kann man nur einige Vermutungen anstellen. Reisen wir weit zurück in der Zeit, in die Steinzeit, so um 5000 v. Chr. Überall Wald, lauter Laubbäume, lauter Eichen, so sah es damals aus. Eine höhere Durchschnittstemperatur hatte zur Folge, dass die Eiche der Baum der Bäume war. Das sahen dann auch die *germanischen Stämme* so und machten die Eiche zum Baum des mächtigen Gottes Donar, der über Blitz und Donner herrschte. So begann die Geschichte der Verehrung des schönen Baumes. Als die Truppen der Römer kamen, um Germanien zu erobern, da verhedderten sie sich immer wieder in den dichten Eichenwäldern. Kein Platz, keine Straßen, keine Übersicht. Im Jahr

## *Wem gehört eigentlich der Wald?*

Rund 11 Millionen Hektar Waldflächen gibt es in Deutschland. Und davon ist der größte Teil in privatem Besitz.

Privatwald   46 %
Staatswald   34 %
Körperschaftswald   20 %

Die privaten Wälder sind überwiegend recht kleine, zersplitterte Flächen. Zu den Körperschaften zählen vor allem die Städte und Gemeinden, aber auch große Betriebe oder kirchliche Einrichtungen. Der Bund besitzt nur rund 400 000 Hektar Wald, der vorwiegend militärisch genutzt wird. Die meisten zusammenhängenden großen Flächen sind im Besitz der Bundesländer.

Skandal in Fritzlar: Bonifatius attackiert die Eiche des Donar

9 n. Chr. wurde ihrem Feldherrn Varus die Eiche und ihre Genossen zum Verhängnis. Die germanischen Krieger unter Hermann dem Cherusker gewannen die wichtigste Abwehrschlacht gegen die Truppen des Weltreichs. Fortan häuften sich die Klagen der römischen Geschichtsschreiber über den nördlichen Baumbestand.

Erfolgreicher war da wohl ein anderer Angriff auf die Eiche. Der heilige Bonifatius wollte die germanischen Stämme zum Christentum bekehren. Die alten Götterkulte waren noch immer unter ihnen verbreitet. Darum ließ er beim hessischen Geismar, nahe dem heutigen Fritzlar, im Jahr 724 eine *Donar-Eiche* fällen. Als Donar nicht einen einzigen Blitz vom Himmel schickte und der Missionar aus dem Holz des heiligen Baumes sogar ungestraft eine Kapelle errichten ließ, da kamen die Hessen doch ins Grübeln und bald auch in den Gottesdienst. Germanien wurde nach und nach christlich, aber die Liebe zur Eiche lebte auch ohne Donar weiter.

So ranken sich also ganz alte Geschichten um die Eichen. Und die Verehrung für den Baum wurde immer wieder sehr kriegerisch. Im Lied der Niedersachsen hieß es: »Fest wie unsere Eichen halten allezeit wir stand, wenn Stürme brausen übers deutsche Vaterland.« Und im Zweiten Weltkrieg wurde das Ritterkreuz, ein militärischer Orden, zusätzlich mit Eichenlaub und Goldenem Eichenlaub verziert.

Nicht nur schöne Geschichten also, aber dafür kann der Baum nichts. Und auch die Möbel, die aus der Eiche gebaut wurden, waren nicht immer schön. *»Eiche rustikal«*, das ist zur augenzwinkernden Redewendung geworden für Ungetüme auf vier Beinen, mit breiten Armlehnen, auf denen man auch Bier und Aschenbecher abstellen kann, für klobige Schrankwände, meist düster gebeizt, als zöge ein Gewitter auf. Auch dafür kann der Baum nichts. Standfest und unerschütterlich ist er. Muss er auch sein, Hunderte von Jahren am selben Fleck, bei Sturm, bei Frost, bei Hitze, das halte einer aus. Aber heute gibt es genug Bauten und Möbel, die beweisen, dass die Eiche der Eleganz ganz gewiss nicht im Wege steht.

Eichenpflanzung auf altem 50-Pfennig-Stück und Spielkarten »Deutsches Blatt«: Eichel statt Kreuz und ungewohnte Bezeichnungen: Unter (Bube), Ober (Dame), König und As

# LAUFENDE METER RUND UM DIE UHR
## EIN BESUCH IM SPANPLATTENWERK

Recht dünn besiedelt ist es hier im Norden Deutschlands, wir fahren auf der Bundesstraße 244 in Richtung Lüneburger Heide. Flaches, hin und wieder leicht hügeliges Land. Weit geht der Blick über Felder und Wiesen, eine Fahrt über die Dörfer, in denen die norddeutschen Fachwerkhäuser stehen, viele große Bauernhöfe mit Scheunen und Ställen. Dazwischen die hässlichen Bausünden der 60er und 70er Jahre. Auf einigen Wiesen und Weiden grasen Kühe und Pferde. Immer wieder Baumgruppen, kleinere und größere Waldstücke. Die Aller fließt hier durch sumpfiges Gelände, kein großer Fluss, aber jetzt im Februar von Tauwasser bis an die Ufer angeschwollen. Schöne Ausblicke, der Fluss von Bäumen umsäumt, große Weidenbäume mit dicken kugelrunden Nestern der Mispel. Kurz hinter Brome biegen wir ab. Nach wenigen Kilometern schon beginnt es zu duften, nach Werkstatt, nach Holz. Vor uns ein Lkw mit frischen Stämmen. Wir müssen ihm nur folgen und gelangen zum **WERK NETTGAU**. Hier produziert einer der ganz großen Hersteller, die Glunz AG, Spanplatten. Wir wollen sehen, wie das heute geschieht, in einer modernen Fabrik, die erst 2001 in Betrieb genommen wurde.

Erfunden wurde die Spanplatte im Jahr 1932, im Schwarzwald. Max Himmelheber, Ingenieur und Erfinder aus Karlsruhe, sah in der Schreinerei seines Vaters all die ungenutzten Späne und Holzreste und kam auf die Idee, sie unter hohem Druck zu Platten zusammenzuleimen. Fast zeitgleich tüftelte der Schweizer Fred Fahrni an einer dreischichtigen Platte. Reif für die Produktion in großen Stückzahlen wurde die Platte aus Holzresten dann in den 1940er Jahren, also mitten im Zweiten Weltkrieg. 1946 nahm Fahrnis Werk in der Schweiz die Serienfertigung auf. In der Nachkriegszeit herrschte großer Mangel an Holz bei gleichzeitig steigender Nachfrage nach Baustoffen und neuen Möbeln. Da begann der **SIEGESZUG DER SPANPLATTE**. Und er dauert bis heute an. Es gibt sie in vielen Ausführungen für viele Anwendungen, wasserfest und feuerbeständig. Deutschland ist nicht nur das Land der Baumärkte, es ist auch das Land der Spanplatte. Nur die Österreicher können da in Europa mithalten. Und die Schweden mit ihren unendlichen Nadelwäldern? Die machen lieber in Papier. Was ja, mal ganz vereinfacht gesagt, auch eine Art Spanplatte ist, ebenfalls aus Holz, nur viel dünner.

Mit der Spanplatte war eine Art **KÜNSTLICHES HOLZ** erfunden. Es lässt sich sägen, bohren, fräsen und schleifen und hat zugleich eine nicht unbedingt erfreuliche Eigenschaft des Holzes verloren. Spanplatten sind formstabil, sie dehnen sich nicht, sie schwinden nicht, dafür sorgt der Leim. Spanplatten sind verlässlich und unkom-

Die ersten Arbeitsschritte im Freien: Stämme in der Entrindungsanlage

## NEUE TECHNIKEN: FLÜSSIGHOLZ, PANZERHOLZ, THERMOHOLZ

Die Herstellung von Spanplatten ist eine alte Technik. Aber was kann man mit Holz noch so anfangen? Weltweit experimentieren Materialforscher, Ingenieure und Wissenschaftler. Als ob sie das Holz neu erfinden wollten, so wie einst der Stuhlbauer Thonet. Und es funktioniert: In Labor und Fabrik entstehen ganz neue Hölzer mit erstaunlichen Eigenschaften.

Aus dem Holzbestandteil Lignin, das bei der Herstellung von Papier übrig bleibt, wurde durch Hinzufügung von Naturfasern ein Granulat gewonnen. Das wird bei hohem Druck und Temperaturen bis 170 Grad Celsius beliebig formbar. Wie ein Kunststoff lässt sich dieses Flüssigholz verarbeiten. Extrem widerstandsfähig ist das Panzerholz, das in einem speziellen Pressverfahren aus Holz und Kunstharz entsteht.

pliziert. Millionenfach leisten sie ihre Dienste, aber viel Aufmerksamkeit und Liebe wird ihnen nicht zuteil. Die Faszination des gewachsenen Holzes geht ihnen ab. Spanplatten sind biedere Alleskönner. Mit Schraube, Dübel und Bohrmaschine werden sie zur Allzweckwaffe des Heimwerkers. Aber vor allem in der industriellen Möbelherstellung sind sie seit Jahrzehnten das beherrschende Material, **GUT DIE HÄLFTE ALLER SPANPLATTEN WIRD ZUM MÖBEL.** Spanplatten ermöglichen die Nutzung von Holz, das sonst allenfalls zum Verbrennen geeignet wäre. So können wir das Holz unserer Wälder ausgiebiger nutzen, allerdings durch einen recht hohen Aufwand an Energie, der zur Herstellung der Platten nötig ist.

Ein riesiges Gelände, auf dem das Werk sich erstreckt. Aus einem Schornstein steigt Rauch, drum herum dicke Rohre, Förderbänder, Silos, eine rotierende Trommel, rund 30 Meter lang. Gegenüber liegt die Haupthalle, gut 300 Meter lang. Rund zweihundert Lkw fahren Tag für Tag in das Werk hinein. Sie liefern Holz, Leim und Betriebsstoffe aller Art. Rund hundertdreißig Lkw verlassen das Werk täglich, beladen mit den fertigen Platten. Rund um die Uhr wird im »Holzwerkstoffzentrum Nettgau« produziert, vierundzwanzig Stunden am Tag. Eine Million Kubikmeter Plattenmaterial ergibt das in einem Jahr, ein Riesenklotz, 100 Meter lang, breit und hoch. Rund vierhundert Mitarbeiter arbeiten im Schichtbetrieb.

Etwas abseits des Werkes steht ein zweistöckiges, holzverkleidetes Gebäude. Hier ist die Verwaltung untergebracht. In einem der Büros treffen wir Olaf Klinkert. Er ist zuständig für den Holzeinkauf. Klinkert war beim Aufbau des Werkes Nettgau von Beginn an dabei. Mit Klinkert kommt man schnell ins Gespräch, über Holzpreise, über Nutzen und Grenzen der Holzzertifikate, über den Wandel des Marktes durch die vermehrte »thermische Nutzung« des Holzes. Die Hersteller von Pellets für Holzheizungen sind die neuen Konkurrenten der Plattenbranche. Eine Überraschung hat Klinkert gleich parat. Der **HOLZBEDARF DES WERKES** wird größtenteils aus der Region rund 100 Kilometer um den Standort abgedeckt, der Harz ist also gerade noch dabei. Einfuhren aus Schweden oder aus Polen sind hier kein Thema, die Transportwege bleiben kurz.

Anhand einer großen Karte erläutert Klinkert den **AUFBAU DES WERKES**. Man kommt auf drei Wegen hinein: Einer führt zur Holzannahme, einer zum Lager für Leim und andere Betriebsstoffe und einer zum Abhollager. Für den Besucher nicht gleich erkennbar ist eine Grenzlinie innerhalb des Werkes. Die trennt die zwei Produktionen, die es hier gibt. Das Werk Nettgau ist spezialisiert auf Spanplatten mit feiner Struktur und auf die sogenannten **OSB-PLATTEN**. Die werden aus gröberen Holzspänen verleimt und zeichnen sich durch hohe Stabilität und geringeres Gewicht aus. OSB ist die Abkürzung für *Oriented Strand Board.* Darin steckt der Hinweis auf die Machart: Die länglichen und noch deutlich als Holz erkennbaren Splitter

Schusssichere Türen, Unterböden für Rennwagen – Verwendungen gibt es genug. Ohne weitere Hilfsstoffe dagegen wird das Thermoholz bei Temperaturen zwischen 170 und 230 Grad Celsius gebacken. Die Wärmebehandlung verändert den Holzaufbau. Das Holz wird zwar spröde, doch ist es unempfindlich gegen Nässe. Holz kann aber auch geschweißt werden, durch extreme Reibung oder unter einem Laserstrahl. Ganz ohne Leim oder andere Klebstoffe lassen sich Hölzer so verbinden, zum Beispiel zu einem Snowboard. In einem anderen Verfahren wird Holz auf 140 Grad Celsius erhitzt und dann unter hohen Druck gesetzt. Aus dem Holz wird so eine Art Schaumstoff. Presst man dann einen runden Stamm zu einem rechteckigen Balken zusammen, so erhält man ein überaus stabiles Bauelement.

*Spanmasse vor dem Einlauf in die Rollpresse*

(*Strands*) werden schichtweise in unterschiedlicher Ausrichtung (*Orientierung*) zu Platten (*Boards*) verleimt. So entsteht der sehr biegefeste Verbund der OSB-Platten. Spanplatten aus feineren und kürzeren Spänen können da nicht ganz mithalten. Genug der Einführung. Wir schlüpfen – strenge Vorschrift – in eine grelle Signalweste und beginnen mit dem Rundgang. Und wirklich, mit der Weste fühlt man sich wohler, wenn all die Radlader und Gabelstapler um die Ecke biegen.

Der erste Weg führt ins **LEIMLAGER**. Dreizehn große Tanks stehen hier, jeder fasst etwa 250 Tonnen. Allerdings werden auch bis zu 200 Tonnen am Tag verbraucht. Leime, Kunstharze und Härter sind in der Spanplattenfertigung ein überaus wichtiges Thema. Denn sie enthielten besonders in den 1970er Jahren einen hohen Anteil an Formaldehyd. Das ist ein stechend riechendes, reizendes Gas, das Atemwege, Haut und Schleimhäute angreift, aber auch Lunge und Magen. Formaldehyd steht im Verdacht, Krebs zu erregen. Die in den Spanplatten enthaltenen Bindemittel dünsteten dieses Gas nach und nach über Monate und Jahre aus, ein tückischer Vorgang. Es gab spektakuläre Fälle, bei denen in Wohnungen und Büros ein hoher gesund-

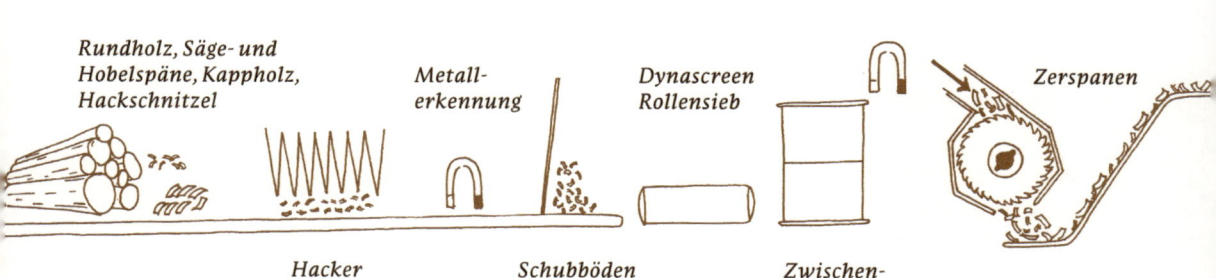

Rundholz, Säge- und Hobelspäne, Kappholz, Hackschnitzel | Hacker | Metallerkennung | Schubböden | Dynascreen Rollensieb | Zwischenbunker | Zerspanen

heitsschädlicher Anteil an Formaldehyd gemessen wurde. 1980 legte man einen Grenzwert fest, den die Platten nun einhalten müssen, sogenannte Emissionsklassen wurden eingeführt. Es wurden neue Leime entwickelt, teils auch Klebstoffe ganz ohne Formaldehyd.

Unser Weg führt nun zum **HOLZPLATZ**. Das ist ein großes und eigenartiges Gelände, denn vieles scheint hier wie von Geisterhand zu geschehen. Lange Stapel der angelieferten Stämme liegen hier. Die wandern in Maschinenanlagen für Entrindung und Zerspanung. Viele Arbeiter sieht man nicht, Kranlader fahren hin und her, schieben zusammen und häufeln um. Rohre spucken Kleinholz aus: grobe Häcksel und feine Späne. In Nettgau wird auch Recyclingholz verarbeitet, also alte Spanplatten, Palettenholz und Möbelreste. Auf dem Holzplatz wird das Holz für die Produktion aufbereitet und nach Qualitäten sortiert. Auch Spanplatten haben eben ihre besonderen Rezepturen, und darum herrscht auf dem Holzplatz mehr Ordnung und System, als es auf den ersten Blick scheinen mag.

Die großen rotierenden Trommeln sind die nächste Station. Hier wird das zerkleinerte Holz durch einströmendes heißes Gas ge-

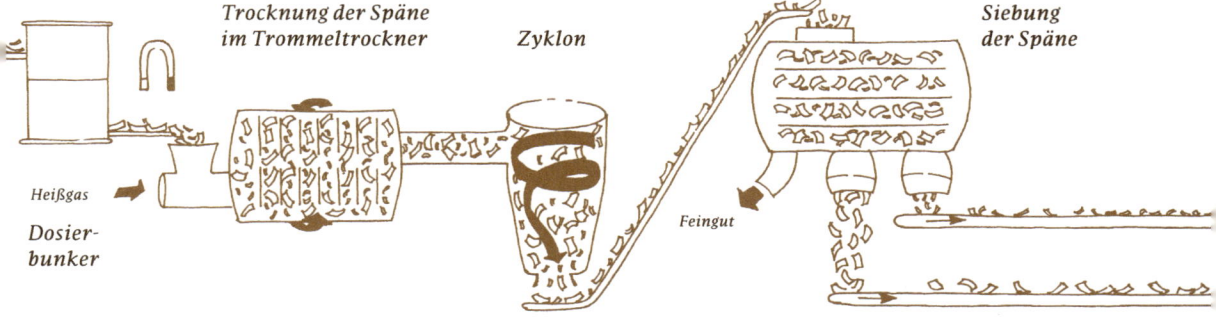

Trotz aller Automatisierung ist die regelmäßige Kontrolle am Band unerlässlich.

*Trocknung der Späne im Trommeltrockner*    *Zyklon*                     *Siebung der Späne*

Heißgas

Dosierbunker

Feingut

## FORST- UND HOLZWIRTSCHAFT

Doch mal einige Zahlen, nur um anzudeuten, welche Bedeutung das Holz für unsere Wirtschaft hat. Denn die wurde wohl lange unterschätzt. Einer neueren Erhebung nach sind in der gesamten deutschen Forst- und Holzwirtschaft rund 1,3 Millionen Menschen beschäftigt. Umsatz: 180 Milliarden Euro. Damit wäre dieser Sektor größer als Industriezweige wie Maschinenbau, Auto, Chemie oder Elektrotechnik. Unter den Holzverarbeitern im engeren Sinne sind die Möbelhersteller ganz vorn. 2010 arbeiteten über 500 Betriebe mit 50 oder mehr Beschäftigten und erzielten einen Umsatz von knapp 16 Milliarden Euro. Die Holzwerkstoffindustrie, die Furniere, Sperrholz, und Spanplatten produziert, machte einen Umsatz

trocknet. Die **TROCKNUNG** muss wegen der Feuergefahr aufmerksam überwacht werden. Nur noch drei Prozent Restfeuchte bleibt in den Spänen. Das ist sehr wenig, weshalb die Trocknung auch zu den Energieschluckern des Werkes gehört. Vom Trommeltrockner geht es für die Strands und Späne auf Förderbändern weiter zur Siebung. Durch Trommel- und Schwingsiebe werden gröbere und feinere Späne getrennt und auf unterschiedliche Bänder für die späteren Deck- und Mittelschichten der Platten gestreut. Damit ist das Material für die Platten zubereitet und wird noch einmal einer Sicht- und Qualitätskontrolle unterzogen. Klinkert verrät uns eine Eigenart der deutschen Kunden: »Die wollen helle Spanplatten.« Dunklere Späne dürfen daher nicht in die Deckschicht gelangen.

Wir gehen hinüber und betreten die große Halle. Hier drinnen ist es warm. Für die sogenannte **BELEIMUNG DER SPÄNE** gibt es große Trommeln. Computergesteuert werden darin in genauer Dosierung die Leime auf die Hölzer gebracht. Endlich kann es losgehen. Durch ein Sichtglas sehen wir die Späne fliegen. Ein Gebläse lässt die etwas schwereren Teile als Erste fallen, die leichteren fliegen einige Meter

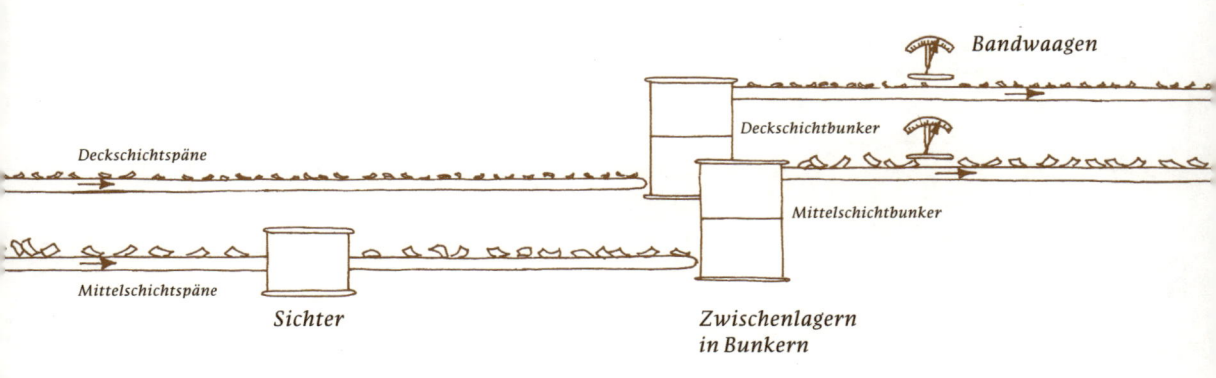

*Deckschichtspäne*

*Mittelschichtspäne*

*Sichter*

*Zwischenlagern in Bunkern*

*Deckschichtbunker*

*Mittelschichtbunker*

*Bandwaagen*

weiter und fallen dann erst auf das Band. So entstehen die verschiedenen Schichten der Platten, die Feinspäne bilden die obere Deckschicht. Wir wandern an der **FORMSTRASSE** entlang und müssen aufpassen. Es ist verdammt glatt hier, weil allerfeinster Holzstaub auf dem Betonfußboden liegt. Hier ist es noch wärmer, die Luft ist staubig und es riecht nach Leim. Wir sind im Allerheiligsten des Werkes. Rund 200 Meter liegen vor uns. Auf dieser Strecke entstehen die Platten. Etwa fünf Zentimeter dick ist der Holzteig auf dem Band neben uns. Durch eine Säge wird er an den Seiten noch sauber abgeschnitten. Dann läuft der endlose Holzkuchen in die große, fast fünfzig Meter lange Presse.

von 4,3 Milliarden Euro. Rund 12 000 Menschen arbeiteten in den 60 Großbetrieben dieser Branche. Die jährliche Produktion von Spanplatten liegt bei 10 Millionen Kubikmetern. Das ist ein Viertel der europäischen Menge. Und trotzdem steigt in Deutschland die Einfuhr von Plattenprodukten. Durchschnittlich 125 Kilogramm Spanplatte verbraucht der Bundesbürger im Jahr.

Conti-Roll heißen die Pressen der Krefelder Firma Siempelkamp, die hier rund um die Uhr ihre Arbeit tun. Seit 1984 gibt es diese Maschinen. Der Name sagt, wie sie funktionieren: Spanplatten werden heute nicht mehr Stück für Stück in vertikaler Richtung gepresst, sondern kontinuierlich fließend, im rollenden Verfahren. Das geht viel schneller. In der **ROLLPRESSE** wird die Holzmasse also regelrecht in die Mangel genommen und mehr und mehr zusammengedrückt. Oberhalb und unterhalb der Masse rotieren zwei große Stahlbänder, die über zwei Antriebsrollen laufen. Zwischen diesen Stahlrollen und den Heizplatten laufen an einem Kettenband die Rollstäbe. Sie übertragen Druck und Hitze auf die Stahlbänder. So

*Beleimung der Späne in den Deckschicht- und Mittelschicht-Mischern*

*Streuung der Späne in Windstreukammern auf die Formstraße*

*Vorpresse*

*Metall-Erkennung*

Bei der OSB-Platte sind die Holzspäne deutlich erkennbar.

eine Conti-Roll-Presse ist also auch ein riesiger Backautomat. Wir sehen nicht viel davon. Denn der Vorgang läuft bei Temperaturen um die 200 Grad Celsius unter Verschluss ab. Dann sehen wir die Endlos-Platte aus der Maschine kommen, jetzt ist sie nur noch 2,5 Zentimeter dick. Weiter geht es, immer weiter, bis zur Ablängsäge. Und die hat was: Während die Platte vorwärts fließt, geht die Säge diagonal hindurch. Beide Bewegungen zusammen ergeben einen exakt rechtwinkligen Schnitt, und zack, zurück, neuer Schnitt. Mit Eleganz und Anmut trennt die kleine Säge Platte für Platte.

Die frisch zugeschnittenen Platten sind immer noch um die 140 Grad heiß. Darum dürfen sie jetzt noch nicht gestapelt werden und müssen erst einmal **AUSLÜFTEN UND ABKÜHLEN.** Dazu werden sie in einem großen Metallgerüst zwischengelagert, dem Kühlstern oder Sternwender. Um eine Mittelachse herum liegen die Platten nun kreisförmig aufgefächert, ehe sie weitertransportiert werden. Der große Kühlstern erinnert ein wenig an eine Königskrone. Er bewegt sich um die Mittelachse und nimmt anrollende neue Platten in freien Fächern auf. Die abgekühlten Platten wandern

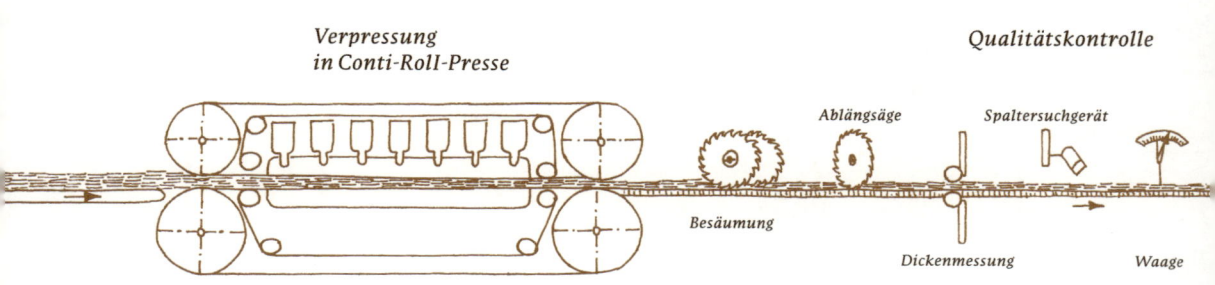

*Verpressung in Conti-Roll-Presse*

*Qualitätskontrolle*

*Ablängsäge*

*Spaltersuchgerät*

*Besäumung*

*Dickenmessung*

*Waage*

nach und nach zur Abstapelung und danach ins Zwischenlager.

Gesteuert werden all diese Anlagen und Maschinen von einem in der Halle befindlichen Raum aus. Es ist das Kommandozentrum des Werkes, zwei getrennte Räume, jeweils mit dem Blick auf die Pressstraße. Wand an Wand sitzen hier die Mitarbeiter, die die Herstellung der Span- und der OSB-Platten steuern und beaufsichtigen. Lauter Bildschirme, einer bunter als der andere. Von hier aus werden alle Maschinen bedient, hier wird das Tempo der Produktion kontrolliert, hier laufen Fehlermeldungen ein, hier wird überwacht, ob sich genug Späne und Leim in den Trommeln befinden.

Frische Platten beim Entspannen und Auskühlen auf dem Kühlsternwender

Olaf Klinkert führt uns weiter durch das Werk. Es gibt eine Station, auf der die Platten nach den Wünschen der Kunden zugeschnitten werden. Vor dem Sägen werden die günstigsten Schnitte berechnet. Ein wenig Überlegung beim Zuschnitt zahlt sich aus, das ist wie in der Tischlerei. Es gibt eine **SCHLEIFSTRASSE**, auf der die Platten perfekt geglättet werden. Und es gibt die **ANLAGEN FÜR BESCHICHTUNGEN**. Da werden die Platten sozusagen mit Holznachahmungen tapeziert, also mit dünnem, bedrucktem Papier beschichtet, das beidseitig mit Melamin-Harzen getränkt ist. Täuschend

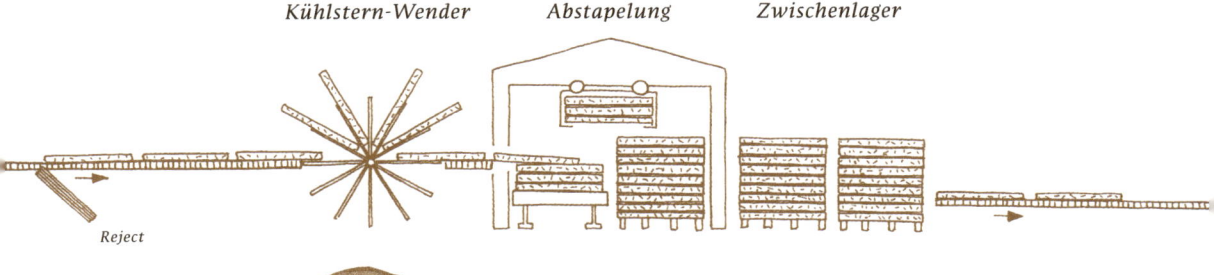

*Kühlstern-Wender*   *Abstapelung*   *Zwischenlager*

*Reject*

Gabelstapler
im Fertiglager

echt soll es sein, und die Massenhersteller lieben diese Imitate. Ein wenig staunt man auch, wie gut das gelingt. Aber nur ein wenig und nicht lange. Nein, das ist kein Holz.

Beeindruckend ist die Krananlage im **PLATTENLAGER**. Große Plattenstapel hängen in der Luft und werden vollautomatisch platziert und abgesetzt. Erinnert an den Container-Terminal im Hamburger Hafen. Und auch die Gabelstapler sind in Nettgau etwas größer als normal. Mit sechzehn Tonnen auf der Gabel fahren sie nach draußen, wo die Lkw zum Beladen stehen.

»Man kann die Spanplatte nicht neu erfinden«, sagt Olaf Klinkert, und doch seien die Hersteller immer auf der **SUCHE NACH NEUEN VARIANTEN**. Einlagerungen von Stroh oder anderer Fasern, der Einsatz von Styropor in den Mittelschichten, wärme- und schalldämmende Platten, wasserabweisende Platten oder die Entwicklung von Fertigelementen für den Hausbau – die Spanplatte wird ein ganz wichtiger Baustoff bleiben. Klinkerts Führung durch das Werk hat uns gezeigt, das Grundrezept mag zwar einfach sein, doch in jedem einzelnen Produktionsschritt steckt enormes Detailwissen. Und jede Maschine ist ein kleines Wunderwerk. Nur so lässt sich ein

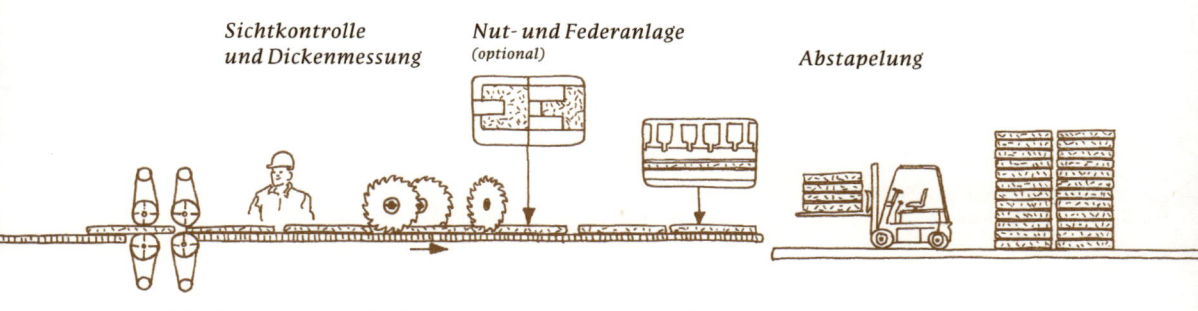

*Sichtkontrolle und Dickenmessung*  *Nut- und Federanlage (optional)*  *Abstapelung*

*Schleifstraße*  *Besäum- und Aufteilsäge*  *Beschichtung (optional)*  *Fertigwarenlager*

solcher Grad an Automatisierung verwirklichen. Es ist nicht so sehr die Größe dieses Werkes, die man am Ende bestaunt. Gewiss, klein ist es nicht, doch dass es das ganze Jahr rund um die Uhr läuft, dass ohne diese kleine, emsig diagonal laufende Säge eine **ENDLOSE HOLZFASERBAHN** aus dem Werk liefe, das ist das eigentlich Beeindruckende. Sechs weitere Werke betreibt die Glunz AG allein in Deutschland. Und es gibt vier weitere große Hersteller. Kein Wunder also, dass in unseren Möbelhäusern und Baumärkten kein Mangel an Spanplatten herrscht.

Lkw an Lkw: Die Platten werden verladen und dann von der Spedition direkt zum Großkunden gebracht.

## AUCH AUS HOLZ:
# PAPIER

Das papierlose Büro wurde vorhergesagt, als die Computer ihren Siegeszug antraten. Daraus wurde nichts. Wir verbrauchen weiterhin immer mehr Papier in Küche, Bad oder Büro. Pro Kopf liegt der Jahresverbrauch in Deutschland bei ungefähr 250 Kilogramm Papier. Und der wichtigste Rohstoff zur Herstellung von Papieren aller Art ist Holz. Es kommt aus der ganzen Welt, aus Schweden und Finnland, aus Kanada und Russland, aus den tropischen Wäldern. Es stammt aus der Waldwirtschaft, aus Plantagenanbau, wegen der steigenden Nachfrage aber auch immer noch aus illegalen Holzeinschlägen. Und so finden selbst geschützte Hölzer auf verschlungenen Wegen in die Papierproduktion, wie eine Studie der Umweltschutzorganisation World Wildlife Fund (WWF) erst 2010 wieder gezeigt hat.

Der **PAPYRUS**, den die alten Ägypter aus der gleichnamigen Staudenpflanze im Nildelta herstellten, ist der Vorläufer des Papiers. Um 100 n. Chr. erfanden die Chinesen das Papier, wie wir es heute kennen. Zur Gewinnung der Fasern für den begehrten Stoff nutzten sie Bambus, Bast und Hadern, also alte Textilien und Lumpen. Lumpensammler blieben auch in Europa lange Zeit wichtige Zulieferer für die Papierhersteller, die für die Zubereitung ihres Faserbreis ganz unterschiedliche Rezepte erfanden. Erst in der Mitte des 19. Jahrhunderts wurde dann Holz der mit Abstand wichtigste Rohstoff. Die Nachfrage nach Papier war mit Lumpen nicht mehr zu befriedigen. Zwei Verfahren setzten sich durch. Beim sogenannten **HOLZSCHLIFF** wurden die Fasern für das Papier mechanisch gewonnen. Zwischen Mahlsteinen wurde das Holz ganz fein zerrieben. Heute macht dieses von 1850 bis ins 20. Jahrhundert hinein produzierte Holzschliffpapier den Bibliotheken viel Kummer.

Denn dieses Papier enthält Säure. Es wird brüchig, und kostbare Bücher und Handschriften sind dem Verfall preisgegeben. Restaurateure können den Papierzerfall stoppen, aber das kostet viel Geld und Zeit.
Neben dem Holzschliff setzten sich die **CHEMISCHEN VERFAHREN** durch, um aus dem Holz die Fasern zu gewinnen. So entsteht auch das **HOLZFREIE PAPIER**. Ein irreführender Name. Es wird nämlich auch aus Holz hergestellt. Aber das Lignin, der Festiger der Holzzellwände, wird fast hundertprozentig aus dem Holz gelöst. Übrig bleibt der Zellstoff, die Cellulose. Aus der wird das Papier gemacht. Mit Leimen, Füll- und Farbstoffen gut vermischt, entsteht der klebrige und dickflüssige Faserbrei. Früher wurde das Papier dann »geschöpft«.

Mit Siebrahmen wurden einzelne Blätter aus dem Brei in der Bütte, einem Holzgefäß, gehoben und zum Trocknen ausgelegt. Das schöne grobe Büttenpapier wurde so hergestellt. Heute läuft der Papierstoff als endlose Bahn über große Siebbänder in die Presse, dann in die Trocknung und Glättung und wird am Ende der Produktionsstraße aufgerollt. Die Herstellung von Papier verbraucht viel Energie und Wasser. Für die Zubereitung des Faserbreis und besonders für die Bleichung bedarf es vieler Chemikalien. Gründe genug, Papier sparsam zu verwenden und den Anteil der **RECYCLINGPAPIERE** zu erhöhen. Das Papier dieses Buches ist säurefrei und daher alterungsbeständig. Es ist holzfrei und erfüllt die Richtlinien der Zertifikate von FSC und PEFC.

# AUF HOHER SEE HOLZ AUF DEM WASSER UND IM PACKEIS

**HOLZ SCHWIMMT!** Diese Entdeckung macht jedes Kind, ob am See oder in der Badewanne. Schon vor Urzeiten erkannte der Mensch den praktischen Nutzen und begann recht bald die Fluss- und Seefahrt. Mit Holz konnte man nicht nur ein Lagerfeuer entfachen, sondern auch dahin kommen, wo die schmackhaften Fische wohnen.

Das Boot der Boote, der Urtyp, war der **EINBAUM**. Bei vielen Völkern finden wir ihn. Im Prinzip ist er einfach zu bauen. Man braucht einen gut gewachsenen Baumstamm, viel Geduld und Geschick und etwas Werkzeug, denn der Stamm muss geformt und ausgehöhlt werden. Das geschah mit einfachen Äxten und Klingen, aber auch mit Feuer und Glut. Man brannte das Stamminnere nach und nach aus. Riesige Einbäume entstanden dort, wo riesige Stämme wuchsen. In Afrika gab es Boote mit Platz für bis zu siebzig Personen. Das zweite einfache schwimmende Gefährt war das Floß, das aus fest vertäuten Baumstämmen bestand.

Mit dem vertrauten Werkstoff Holz eroberte der Mensch das fremde und gefährliche Element Wasser. Bis im 19. Jahrhundert das Zeitalter von Eisen und Stahl anbrach, war **HOLZ DAS MATERIAL**

**DER SEEFAHRT** schlechthin. Der Mensch lernte, immer bessere und größere Schiffe zu bauen, auf hoher See bewies das Holz seine Stabilität, auch wenn in schweren Stürmen die Planken knirschten und die Masten brachen. Mit immer besser konstruierten Segelschiffen befuhr man die Weltmeere, führte Kriege, entdeckte fremde Länder und Kontinente, trieb Handel, brachte wertvolle Stoffe, neue Pflanzen und Gewürze nach Hause. Im Vergleich zum Gütertransport mit Pferdefuhrwerken war der Transport zu Wasser viel kostengünstiger. Schon in der Antike konnte ein Handelsschiff gut 200 Tonnen Fracht aufnehmen. Dafür brauchte man zu Lande bestimmt fünfzig Wagen mit Hunderten Zugpferden davor, die alle viel trinken und fressen mussten und beim Einspannen ihre Launen hatten. Wasserwege wurden so die Straßen des frühen Welthandels. Es entstanden die großen Flotten der seefahrenden Nationen wie der Phönizier, Griechen und Römer.

Mehr denn je wurde Holz zum begehrten Rohstoff, ja, bald sollte es zu einer knappen Ware werden. Schon früh in der Geschich-

*oben* Ausbrennen eines Einbaums in Südamerika, Darstellung aus dem 16. Jahrhundert

### KNIRSCHEN UND KNARREN

Nicht nur auf Schiffen knarrten die Planken und Balken. Auch unter Tage machte Holz Geräusche, und das konnte lebensrettend sein. Früher wurden die Bergbaustollen mit hölzernem Stützwerk befestigt. Wenn die Stützen knisterten, knackten und stöhnten, dann wussten die Bergleute, die Knappen und Kumpel, dass Einsturzgefahr drohte. Zeit also, die Befestigungen zu verstärken oder den Stollen zu verlassen. Die Nadelhölzer Fichte, Lärche und Kiefer zeichneten sich durch besondere »Warnfähigkeit« aus. Sie stöhnten früh genug, bevor sie dem Druck nachgaben und zerbarsten.

## OPFERHOLZ FÜR DEN SCHIFFSBOHRWURM

Der Schrecken der Meere war nicht Sir Francis Drake, Pirat Ihrer Majestät, sondern der Schiffsbohrwurm, *teredo navalis*. Dieser Wurm ist kein Wurm, sondern eine Muschel, 20 Zentimeter lang, manchmal noch länger. Das Tier verschmäht Plankton, nährt sich von Holz und legt entsetzlich viele Eier, bis zu fünf Millionen im Jahr. Tückisch: Der Befall ist schwer zu erkennen, und die Bohrgänge machen aus dem befallenen Holz bald ein luftiges Nichts. Eine zweite Beplankung der Schiffe als »Opferholz« für den Wurm war eines der ersten Mittel zum Schutz der Schiffe. Besser waren aufgenagelte Bleche. Später trug man giftige, mit Zinn und Kupfer versetzte Anstriche auf. Es gibt aber eine Reihe tropischer Hölzer, in die kommt der Bohrwurm nicht hinein: Bongossi aus Kamerun, Greenheart und Angélique aus Südamerika und Teak aus Südostasien. Eben darum wurde diesen Hölzern der Mensch mit der Motorsäge zur Gefahr.

te der Menschen waren ganze Regionen entwaldet. Doch nicht nur wegen des hohen Holzverbrauchs für den Flottenbau, wie es oft vereinfachend zu hören ist. **ENTWALDUNG** hat viele Ursachen. Mit den Rodungen für den Ackerbau und die Viehwirtschaft beginnt es. Den Löwenanteil am Holzeinschlag zehrte schon immer der Bedarf an Brennholz und Holzkohle auf. Um Metalle zu schmelzen, Keramik zu brennen oder Glas herzustellen, mussten hohe Temperaturen erzeugt werden, enorme Mengen an Holz wanderten in die Schmelzöfen der Handwerker. Und auch die Salzsieder in den Salinen stopften Scheit um Scheit in ihre Öfen, um in den großen Pfannen die wertvollen Salzkristalle trockenzulegen. So entstand die Lüneburger Heide, früher mit Birken und Eichen bewaldet, heute berühmt für das rötlich blühende Heidekraut und weidende Heidschnucken auf baumlosen Flächen.

Trotzdem hat der Schiffbau natürlich viel Holz verbraucht. Bis heute sind die Spuren sichtbar. Die Seefahrernationen in Europa haben immer noch die geringsten Flächenanteile mit Waldbestand: Großbritannien, Dänemark, Niederlande. Früh schon wurde auch das Holz am Mittelmeer knapp, die Wälder verschwanden, und karge Landstriche mit Buschwerk blieben zurück. Malteser und Venezianer kauften ihre Schiffe nun bei den Niederländern. Die bekamen noch Holz aus dem Schwarzwald, und die Flößer transportierten es auf dem Rhein heran.

Boote und Schiffe zu bauen ist eine **HANDWERKLICHE KUNST**. Wenn sich ein Schiff durch die

Wellen des Meeres pflügt, dann wirken enorme Kräfte auf den Rumpf und die Masten ein. Wie seetüchtig und sturmfest die Schiffe waren, darüber entschieden Konstruktion und Material, aber auch das Wissen und die Erfahrung der Schiffsbauer. Ganz unterschiedliche Techniken wurden ersonnen, um aus dem Holz einen schnittigen Schiffskörper zu formen.

Im antiken Griechenland arbeiteten die Schiffszimmerer in der **SCHALENBAUWEISE**. Dabei wurden zuerst die Planken, also die Haut der Schiffe, zusammengefügt und mit dem Kiel und dem Vorder- und Achtersteven verbunden. Kante an Kante wurde Planke auf Planke eingepasst, und mit Nut und Feder waren die Planken untereinander fest zusammengefügt. Eine anspruchsvolle und zeitaufwendige Arbeit. Erst nachdem der äußere Schiffskörper fertiggestellt war, wurden die Spanten, also die Balken und Verstrebungen, die das Schiff stabil und verwindungssteif machten, eingearbeitet. Für Kiel und Steven war das feste Eichenholz die erste Wahl, die Planken bestanden meist aus Nadelholz.

Bei dieser Bauweise, die im Mittelmeerraum verbreitet war, waren die Schiffskörper ganz glatt, weil die Planken ja Kante an Kante montiert waren. **»KRAWEEL«** lautet der Fachbegriff für diese Technik. Die Nordeuropäer machten es anders, sie bauten **»KLINKER«**. Dabei überlappt eine Planke die andere, so wie es bei den Schiffen der Wikinger zu sehen ist. Auch das hatte Vorzüge: Lagen die Boote längere Zeit an Land, in den Wintermonaten etwa, so schrumpfte das Holz durch die Trocknung. Durch die Überlappung der Planken entstanden aber keine allzu großen Fugen zwischen ihnen. Ließ

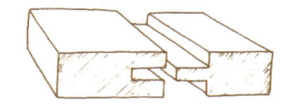

Traditioneller Schiffbau in Marokko: Aufbringen der Planken

Passgenau, stabil und dicht: Nut und Feder

Die Attraktion im Deutschen Schiffahrtsmuseum in Bremerhaven: Hansekogge aus dem 14. Jahrhundert

man die Boote wieder zu Wasser, waren sie umso schneller wieder dicht. Darüber hinaus sorgten die Plankenabsätze für ein Profil an der Außenhaut, das die Wasserlage der Schiffe verbesserte, mit den scharfen Kanten schnitten sie ohne Schaukelei durchs Wasser.

Immer größer wurden die Schiffe, immer ausgefeilter die Segel. Schon die Römer bauten Schiffe, die 400 Tonnen Fracht aufnehmen konnten. Damit schafften sie Getreide aus Ägypten herbei, Wein, Olivenöl und was die Hauptstädter des Weltreiches sonst noch begehrten. Die **GROSSE ZEIT DER HANDELSSEGLER** endete tatsächlich erst im 20. Jahrhundert, als die motorisierten Stahlriesen über die Ozeane fuhren. Noch in den 1920er Jahren verkehrten Segelschiffe zwischen Europa und Chile und holten von dort Salpeter, aus dem Dünger für die Landwirtschaft gewonnen wurde. Die Windjammer waren herrliche Gebilde aus Holz, Segeltuch und Tauwerk.

Wie die Schiffe in frühen Zeiten aussahen, wie sie konstruiert und gebaut wurden, das wissen wir vor allem durch viele Schiffswracks, die die Archäologen auf dem Meeresboden fanden. 1962 entdeckte man in der Weser, unweit von Bremen, ein **VERSUNKENES SCHIFF**. Es war eine **KOGGE** aus dem Mittelalter. Aus Abbildungen in alten Schriften und auf Münzen war den Historikern der Schiffstyp bekannt, aber dass sie nach 600 Jahren ein erhaltenes Exemplar im Flussschlamm fanden, das war eine Sensation. Heute ist die Kogge die Attraktion im Deutschen Schiffahrtsmuseum in Bremerhaven. Doch solch ein Schiff zieht man nicht einfach aus dem Wasser und stellt es ins Museum. Über zwanzig Jahre dauerte der Wiederaufbau

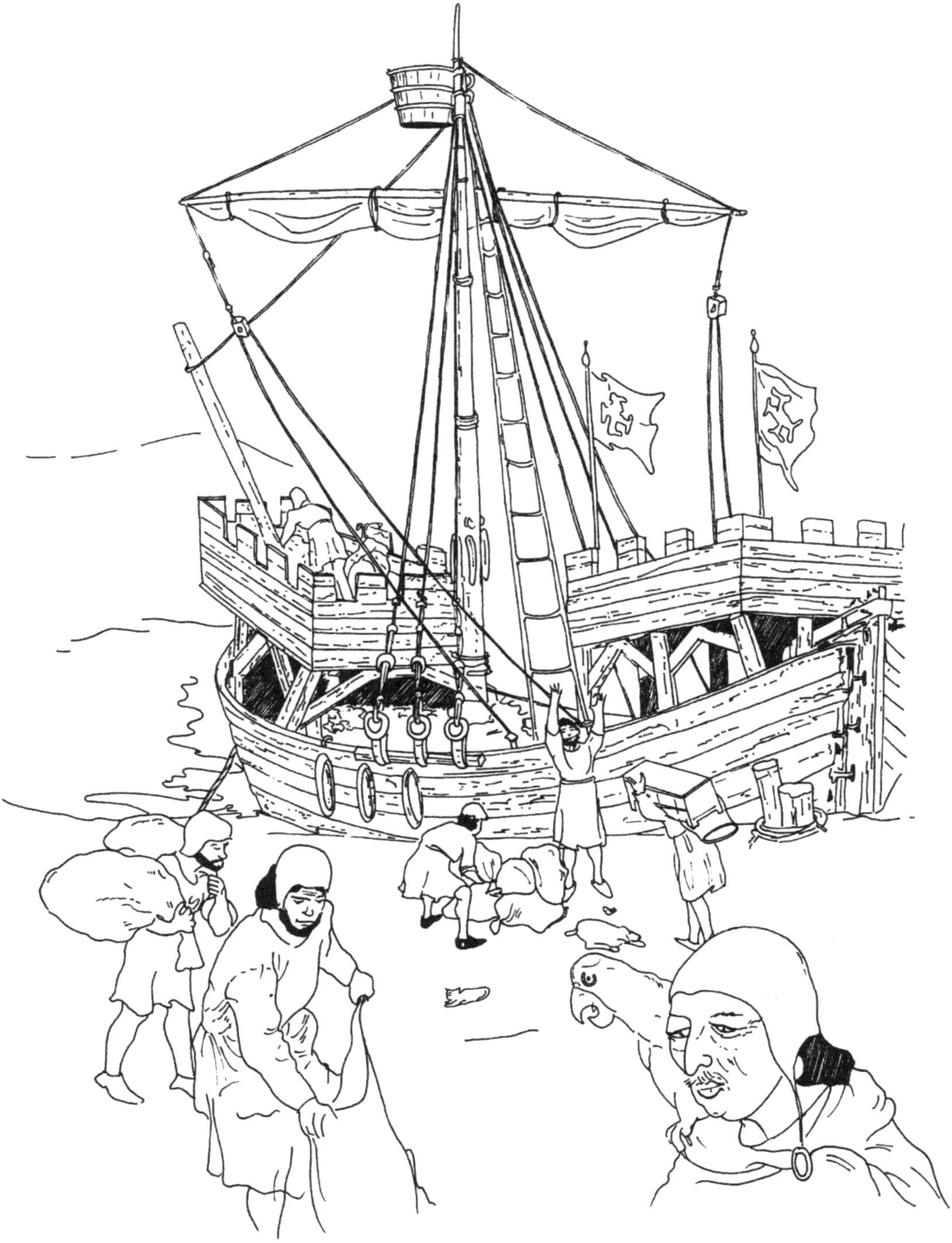

Schiffszimmerer bei der Arbeit, aus *Schedels Weltchronik*, 1493

der Kogge. Es wurde eine detektivische Reise in die Geschichte und ins Holz. Ob Förster, Tischler oder Schiffshistoriker, die Arbeit mit Holz braucht Geduld.

Die Kogge ist ein sehr alter Schiffstyp, dessen Anfänge bis ins 7. Jahrhundert zurückreichen. Große Bedeutung erlangten die Koggen dann als Standardboote der **MITTELALTERLICHEN HANSE**. Dieses Bündnis von Städten und Kaufleuten beherrschte lange Zeit den nördlichen Wirtschaftsraum. Koggen waren bauchige Schiffe, die bis zu 1000 Tonnen Fracht aufnehmen konnten und auch bei stürmischem Wetter den Wellen trotzten. Darum wurden sie für den Handel auf Nord- und Ostsee, aber auch auf dem Mittelmeer so wichtig.

Natürlich wollte man wissen, wie alt die Bremer Kogge denn nun eigentlich war. Bei der Beantwortung dieser Frage half das Holz, genauer: die **JAHRESRINGE DES HOLZES**. Jedes Jahr hat sein eigenes Wetter, in jedem Jahr ergeben sich deutlich zu unterscheidende Zuwachszonen, und die Jahresringe sind das verlässliche Protokoll dieses Wachstums. Und für lange Zeiträume hat man Aufzeichnungen und genaue Tabellen der Jahresringe, aufgeschlüsselt nach Regionen, Baumarten und Wetterzonen. Das ergibt einen Holzkalender von geradezu unglaublicher Genauigkeit. Die Forscher, die in diesem Kalender mit ihren Mikroskopen lesen können, sind die Dendrochronologen, die »Holzzeitmesser«. Sie schauten sich die Hölzer der Kogge an und verglichen die Verteilung der Ringe mit verschiedenen Standardkurven für das Wachstum von Eichen in Deutschland. Und sie wurden fündig, einige Hölzer passten exakt in bereits erfasste Ringbilder. Ergebnis: Das Holz stammte aus den hessischen Wäldern bei Kassel, und die Bäume wurden gefällt im Jahr 1378! So genau kann die Dendrochronologie sein, sie liest im Holz wie in einem Buch.

Der Transport der Stämme nach Bremen wird ungefähr ein halbes Jahr gedauert haben. Dort haben die Schiffsbauer das Holz nicht lange trocknen lassen. Das verrieten Arbeitsspuren an der Kogge. Das noch recht frische Holz ließ sich mit Stemmeisen, Äxten und Sägen leichter bearbeiten als das trockene, härtere Holz. Noch ehe sich irgendwelche Schädlinge hineinbohren konnten, war die Kogge schon in Arbeit. Kiel und Steven wurden gefertigt und miteinander verbunden, dann begann die Arbeit an den Planken. Schätzungsweise fünf bis sechs Schiffszimmerer waren damit beschäftigt. Das waren Könner. Man fand eine handgesägte Planke von 4,80 Meter Länge,

### DAS HOLZFASS

Schön waren sie ja, die aus Ton gebrannten Krüge und Amphoren, in denen die Menschen in frühen Kulturen ihre Vorräte lagerten. Aber leider nicht sehr stabil. Für den Transport auf den Schiffen erfand der Mensch bald etwas Besseres: das Holzfass. Das zerbrach nicht und man konnte es auch noch rollen. Die Fassmacher hießen Böttcher, Kübler, Küfer oder Fassbinder. Sie waren Spezialisten und machten nichts als Fässer, zur Abwechslung vielleicht mal einen Holzeimer.

Mächtiges Gebälk aus ausgesuchten Hölzern: im Bauch der *Fram*

deren Dicke nur zwischen 49 und 52 Millimetern schwankte. Auf fünf Metern also nur drei Millimeter Abweichung!

Koggen wurden nicht als teure und gediegene Schiffe gebaut, sie waren ja gewissermaßen **ARBEITSGERÄTE FÜR DEN SEEHANDEL**. Darum wurden sie fast in Serie hergestellt, eine Kogge nach der anderen. Eine von den vielen ist die Bremerhavener Kogge. Und vermutlich deswegen ist dieses Schiff, so mussten die Experten feststellen, keineswegs aus dem allerbesten Eichenholz gefertigt, das Holz ist von eher durchschnittlicher und minderer Qualität. Vielleicht war damals kaum beste Eiche zu bekommen. Vielleicht waren die Kaufleute aber auch ein wenig geizig und wollten billige Schiffe. Doch lange haltbar war die Kogge ja trotzdem, mit Hilfe der **RESTAURATOREN** bis heute.

Die Leute, die nach sechshundert Jahren das Wrack der Kogge bargen, mussten mindestens genauso sorgfältig arbeiten wie die mittelalterlichen Schiffszimmerer. Denn nach so langer Zeit unter Wasser hat sich das Holz bis in den Zellaufbau geändert. Die Bestandteile sind aufgelöst und ausgewaschen, Wasser füllt nun das Zellinnere, die Zellwände sind ausgemergelt. Nur äußerlich sieht das Holz noch wie Holz aus. Ließe man es einfach trocknen, würde es schrumpfen und die absonderlichsten Formen annehmen. Daher war es am wichtigsten, die Kogge nach der Bergung feucht zu halten, im Wasserbad oder durch eine Sprühanlage. Aber irgendwann wollte man sie ja in alter Pracht wieder neu aufbauen. Also begann man zu forschen und zu experimentieren. Auch die skandinavischen Kollegen hatten ja mit vergleichbaren Funden von Wikingerschiffen so ihre Erfahrungen gemacht.

Die Lösung war eine riesige Badewanne. Sie wurde mit einer speziellen Flüssigkeit gefüllt, die eine Art Wachs enthielt, Polyethylenglykol. Diese Substanz sollte nach und nach in die zerstörten Zellen des Holzes eindringen, das Wasser verdrängen und dem Holz eine neue Stabilität verleihen. So stand die Kogge seit 1980 im **BREMERHAVENER SCHIFFAHRTSMUSEUM** in einem Wachstank, fünf Jahre, zehn Jahre, fünfzehn Jahre – bis 1999. Dann erst konnte man mit dem Wiederaufbau beginnen. Heute wird das Koggenhaus des Museums restauriert. Die Kogge bekommt gerade noch ein neues, verbessertes Stützkorsett, damit auch wirklich nichts zerbricht vom alten Holz. 2014 soll dann alles fertig sein. 1378 bis 2014 – eine lange Geschichte.

Die *Fram* auf offener See: nicht ihr eigentliches Revier

Bleiben wir im Museum, diesmal jedoch befindet es sich in Oslo, der Hauptstadt Norwegens. Dort steht das Holzschiff, das von allen Holzschiffen sowohl dem Nordpol wie dem Südpol am nächsten kam. Es ist die berühmte *Fram*, die sich der Polarforscher **FRIDTJOF NANSEN** 1892 von dem Schiffskonstrukteur Colin Archer bauen ließ. Auf der *Fram* drehte sich auch gestandenen Seeleuten bisweilen der Magen um, das Schiff schaukelte schon bei leichtem Seegang wie eine Nussschale durchs Wasser. Zum Befahren der Meere hatte Nansen es nämlich gar nicht bauen lassen. Er wollte mit dem Schiff ins nördliche Packeis und sich **MIT DER DRIFT DES EISES ZUM NORDPOL** treiben lassen. Die *Fram* sollte also einfrieren. Ein gewagtes Unterfangen! Wohin würde das Eis treiben? Und wie sollte ein Schiff aus Holz dem ungeheuren Druck der Eismassen standhalten? Nansens Idee war, den Schiffsrumpf so zu formen, dass das Eis

```
1  Fockmast          6  Ruderschacht       11 Dampfkessel
2  Hauptmast         7  Propellerschacht   12 Generator
3  Besanmast         8  Salon              13 Hauptladeraum
4  Arbeitsraum       9  Maschinenraum      14 vorderer Laderaum
5  Kartenraum        10 Maschine           15 unterer Laderaum
```

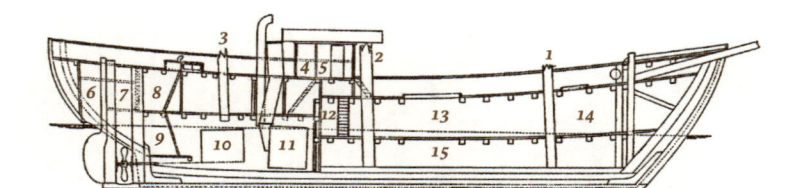

Alles gut durchdacht: Seitenriss der *Fram*

gar nicht zupacken konnte. Der abgerundete Schiffskörper sollte »glatt wie ein Aal aus der Umarmung des Eises gleiten«, so Nansen in seinem Reisebericht. Das Eis würde die *Fram* also nicht zerdrücken, sondern nur anheben.

Das funktionierte tatsächlich. Aber es wurde eine lange Reise. Von 1893 bis 1896 dauerte die Fahrt mit dem nördlichen Eis. Allerdings trieb die *Fram* in alle Himmelsrichtungen, von den Neusibirischen Inseln bis nach Spitzbergen, aber nicht zum Nordpol. Drei Jahre im Eis! Eine enorme Beanspruchung des Schiffes und der Mannschaft. Doch es ließ sich aushalten auf der *Fram*, es gab eine Bibliothek mit knapp dreitausend Büchern, dazu elektrisches Licht und eine Orgel. Nicht allein die spezielle Form des Rumpfes war es, die das 39 Meter lange Schiff dem Packeis widerstehen ließ. Die *Fram* war ein **WUNDERWERK AUS BESTEN HÖLZERN**.

Der Kiel bestand aus zwei schweren Balken aus amerikanischem Ulmenholz, die Spanten aus italienischem Eichenholz, das dreißig Jahre gelagert hatte. Es gab drei Plankenlagen, zwei aus Eichenholz und eine dritte aus Greenheart, ein festes, zähes Holz aus Südamerika, eines der elastischsten Hölzer überhaupt. Die Schiffsseiten hatten eine Stärke von 70 bis 80 Zentimetern und bestanden »aus einer festen, wasserdichten Holzmasse«, wie Nansen nicht ohne Stolz schrieb. Innen war die **FRAM** »wie ein Spinnengewebe aus Balken, Stützen und Streben« aufgebaut. Darüber hinaus war das Schiff auch eine Art **FAHRENDES NIEDRIGENERGIEHAUS**, wärmeisoliert nach allen Regeln der damaligen Kunst. Schichten aus geteertem Filz, Kork, Rentierhaar, luftdichtem Linoleum und Tannenholz speicherten die Wärme und vermieden den Niederschlag von Feuchtigkeit an Decken und Wänden. Wer auf Deck gehen wollte, musste vier Türen passieren.

Mit diesem Hightech-Paket aus Holz ließen sich die unwirtlichsten Regionen der Erde erkunden. 1910 lieh sich Roald Amundsen, der andere große Polfahrer der Norweger, von Nansen das berühmte Schiff, ließ einen Dieselmotor einbauen und machte sich auf, den Südpol zu erreichen. Was ihm auch gelang.

Mit diesem exakten Nachbau eines römischen Patrouillenbootes (*Navis Lusoria Rhenana*) aus der Zeit der Völkerwanderung will eine Forschergruppe herausfinden, wie schnell und wendig römische Soldaten bei der Überwachung der Flussgrenzen Rhein und Donau sein konnten. 24 Ruderer saßen in dem 18 Meter langen Boot aus Eiche, das zusätzlich ein Rahsegel hatte.

# DIE KOMMODE -3-
## UNTER FOLIE: DER WURM IST TOT

Mein nächster Weg führte mich in die Apotheke. Ich hatte in einem Werkbuch ein Rezept gefunden, nach dem ich mir ein sanftes Mittel gegen den Holzwurm zubereiten wollte. Und dazu brauchte ich Wermutblätter. Nie gehört, aber die Apothekerin wusste sofort Bescheid, musste sie aber erst bestellen. Ein paar Tage später stand ich also am Küchenherd. Das Rezept ging so: Man nehme einen Liter Wasser, eine Handvoll Wermutblätter und drei Knoblauchzehen. Das koche man auf die Hälfte ein. Den Sud filtere man dann durch ein Leinentuch. Danach füge man noch eine halbe Handvoll Salz und eine halbe Tasse Essig hinzu. Gut verrühren, fertig.

Das war mal eine einfache Arbeit. Die befallenen Stellen werden mit dem Mittel satt eingestrichen, gleich mehrfach. Den Rest der Lösung füllt man in eine Schale. Die Möbelteile werden nun mit dieser Schale unter eine Folie gestellt, möglichst an einem warmen Ort. Die Folie muss gut abgedichtet sein, damit ein Treibhauseffekt entsteht. Zwei, drei Tage lässt man das zur weiteren Einwirkung so stehen. Dann ist hoffentlich Ruhe in den Fraßgängen, der Wurm ist tot. Jetzt wurde mir klar, dass ich schon weit gekommen war, es konnte schon bald an den Zusammenbau der Kommode gehen. Und weil die alten Möbelfüße so zerfressen waren, radelte ich mal wieder zum Baumarkt und suchte mir vier neue aus.

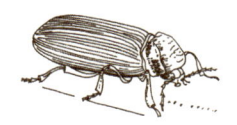

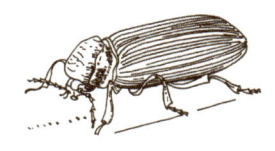

Am nächsten Wochenende stand ich mit meinem Vater vor den Bauteilen meiner Kommode. Er wollte mir ein wenig helfen. Wir zogen Zwischenbilanz. Was war jetzt zu tun? Die Rückwand der Kommode bestand aus recht dünnen Brettern. In denen hatte der Wurm ganze Arbeit geleistet. Man konnte sie fast so leicht zerbrechen wie eine Waffel. Das Holzmehl staubte auf. »Da lassen wir uns im Baumarkt eine passende Sperrholzplatte zusägen. Ist zwar nicht ganz originalgetreu, aber die einfachste Lösung«, sagte mein Vater. Und den Boden der Schublade wollten wir auch erneuern, der sah nicht mehr schön aus, war voller Flecken und gesplittert. Also noch ein Sperrholz, aber etwas dünner, es musste genau in die Nuten der Seitenteile zu schieben sein. Wir notierten uns die genauen Maße der zwei Platten.

»Was brauchen wir noch?«, fragte ich.

»Einen guten Holzleim. Und Holzkitt, eine kleine Dose, kieferfarben. Damit musst du einige Löcher und Risse füllen. Schau mal.« Mein Vater nahm sich ein Teil und begann mit dem Fingernagel an einem Wurmloch zu drücken. Einmal, zweimal, dreimal und ein ganzer Fraßgang war freigelegt. »Mach nicht alles kaputt!«, rief ich. »Das ist nicht so schlimm, das wird neu ausgefüllt und fertig. Du hast ja übrigens auch Glück gehabt. Stell dir vor, du hättest nach dem Abbeizen noch viel schlimmere Holzschäden gefunden, so wie in der Rückwand. Dann hätte man überall neue Hölzer einpassen und verleimen müssen. So was macht so viel Arbeit, dass man sich überlegt, ob man nicht lieber aufgibt. Also, das sieht doch alles ganz gut aus. Fahren wir los. Du musst heute noch alles vorbereiten, damit wir morgen alles neu verleimen können. Die großen Zwingen kannst du nicht allein ansetzen ...«

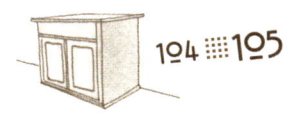

Schau an, mein Vater machte Druck, ich glaube, er war selbst gespannt, was da entstehen würde. Aber er hatte recht. Ich war jetzt schon seit vier Wochen an meinem Möbelprojekt. So zieht sich das, mal hatte ich keine Lust, mal war es zu kalt, mal wusste ich nicht so recht weiter.

  Im Baumarkt herrschte Hochbetrieb. Der dicke Mann mit dem schütteren blonden Haar an der Säge hatte gut zu tun. Aber er verzog keine Miene und blieb ganz ruhig. Ein bisschen sah er aus wie eine Schildkröte. Unsere beiden Sperrholzplatten waren im Nu zugeschnitten. Auf den Millimeter, nicht schlecht.

»Was ist eigentlich mit dem Türschloss?«
»Welches Türschloss?«
»Na, an deiner Kommode, funktioniert das noch?«
»Das hat nur ein bisschen geklemmt ...«
»Na gut, Öl habe ich noch.«
Wir gingen zur Abteilung Farben und Lacke. Da gab es den Holzkitt.
»Willst du deine Kommode eigentlich so lassen, naturfarben?«
»Ja klar, habe doch gerade alles abgebeizt.«
»Neu anstreichen meine ich auch nicht. Komm mal mit, ich zeig dir was.«

Wir gingen zu einem Regal mit der Aufschrift »Holzbeizen«. Da hingen lauter kleine Tüten. Und an der Seite hingen Pappen. Auf denen waren kleine Hölzer aufgeklebt, in lauter unterschiedlichen Farbtönen. Aber durchsichtig und so eingefärbt, dass die Holzmaserung noch zu sehen war. Ja, eigentlich war sie viel besser zu sehen als beim matten, trockenen Holz.

»Das sind Wasserbeizen«, sagte mein Vater, »die bereitet man sich selbst zu. Ist ganz einfach, Wasser kochen und das Pulver einrühren. Astreine Farben, oder?« Das stimmte, ich war sofort begeistert. Mein Vater sagte noch was von »muss ja nicht so öko aussehen«, ich war schon beim Auswählen.

»Hier, Signalrot, das gefällt mir.«

»Sei vorsichtig«, meinte er, »du hast deine Möbel jeden Tag vor Augen. Knallrot könnte dich recht schnell nerven ...«

Er hatte wohl recht. Ich entdeckte ein tolles Grün und dann: Grau! Silbergrau! So grau wie eine Hütte in den Bergen. Ich überraschte mich selbst und entschied mich tatsächlich für dieses erfrischende Grau. Das sah nämlich einerseits ganz natürlich aus und war eben doch etwas Besonderes. Kein Einspruch von meinem Vater, nur der kurze Kommentar: »Edel, wirklich edel.«

# DER TON MACHT DIE MUSIK
## KLANGWUNDER AUS HOLZ

Holzbalken tragen gewaltige Lasten, eingerammte Pfähle trotzen über Jahrzehnte dem Meerwasser, Fachwerkbauten stehen über Jahrhunderte. Holz ist widerstandsfähig und robust. In diesem Kapitel aber erkunden wir eine ganz andere Seite des Holzes, seine empfindliche Seite. Wenn Holz erklingt, zählen allerfeinste Unterschiede. Nur die ausgesuchtesten Hölzer kommen in die Werkstatt des Instrumentenbauers. Alte Musikinstrumente sind unersetzliche Kostbarkeiten, sie müssen pfleglich behandelt werden, Temperatur- und Feuchtigkeitsschwankungen bekommen ihnen gar nicht gut. Wie kein anderes Instrument steht die **GEIGE** für Klangwunder aus Holz. Ein schönes Instrument, die geschwungene Form und der warme rötliche Ton des Holzes, der schmale Hals, über dem sich die Saiten spannen bis zur Schnecke.

Die Streichinstrumente, wie wir sie heute kennen, sind vor ungefähr fünfhundert Jahren im Zeitalter der **RENAISSANCE** entstanden: Geige, Bratsche und Cello. Zu ihren Vorläufern gehört die

*Schnecke*

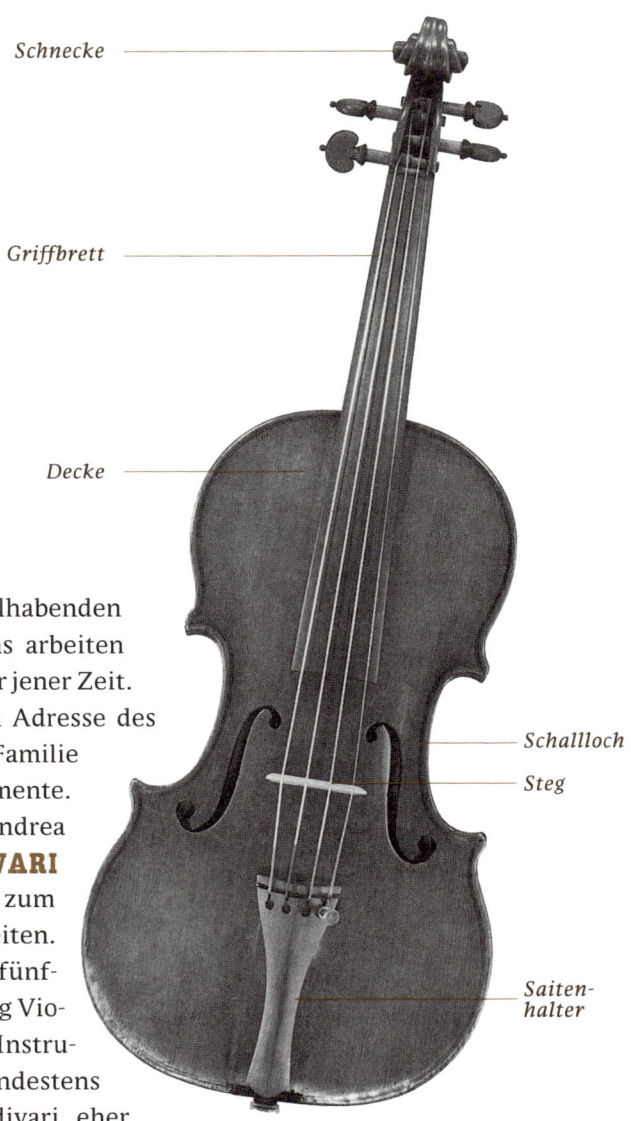

*Griffbrett*

*Decke*

*Schallloch*

*Steg*

*Saitenhalter*

mittelalterliche Fiedel. In den wohlhabenden und mächtigen Städten Norditaliens arbeiten die bekanntesten Instrumentenbauer jener Zeit. Die Stadt Cremona wird zur ersten Adresse des Geigenbaus. In der Werkstatt der Familie Amati entstehen die edelsten Instrumente. Nicola Amati wird zum Lehrer von Andrea Guarneri und **ANTONIO STRADIVARI** (1644–1737). Und Stradivari wird zum berühmtesten Geigenbauer aller Zeiten. Heute gibt es weltweit noch rund fünfhundertvierzig seiner Geigen, fünfzig Violoncelli und wohl zwölf Bratschen. Instrumente von unschätzbarem Wert, mindestens eine Million Euro kostet eine Stradivari, eher mehr.

Stradivaris Geigen sind bis heute das Maß aller Dinge, Musiker schwärmen vom besonderen, unverwechselbaren Klang der dreihundert Jahre alten Meisterstücke. Hin und wieder sind sie in Konzerten heute noch zu hören, doch viele Instrumente des legendären Italieners liegen sicher verwahrt in klimatisierten Tresoren. Ein Rätsel umgibt Stradivaris Klangwunder. Bis heute blieb ihre Qualität, ihr voller Ton, unerreicht. Es gibt zwar zahlreiche Nachbauten und unablässige Forschungen zu Material und Technik, doch eine neue Stradivari anzufertigen, das ist nie gelungen. Der Meister hat sein Holzgeheimnis mit ins Grab genommen.

Der Korpus einer Violine, also das Gehäuse, in dem sich der Klang bildet, besteht aus Ahorn und Fichte, der Boden aus Ahorn und die Decke aus Fichte. Es sind also gar **KEINE AUSGEFALLENEN, SELTENEN HOLZARTEN**, aus denen die wunderbaren Instrumente gebaut werden. Ganz besondere Hölzer aber sind es trotzdem.

Wirklich gute Fichten für den Instrumentenbau zu finden, dazu braucht es viel Erfahrung. Und anschließend noch sehr viel Geduld. Denn das Holz muss sorgfältig und lange gelagert werden: Ganz langsam muss es trocknen, ohne jegliche Rissbildung.

Fichtenholz hat lange Fasern und darum eine besondere Elastizität und ein ideales Schwingungsverhalten. Das Holz des Resonanzkörpers kann die Schwingungen der Saiten sehr schnell aufnehmen. Die Geige hat eine kurze »Ansprache«, so sagt man, der Ton baut sich schnell und kräftig auf. Aber das Holz nimmt die Energie der Saiten auch auf und lässt so den angestimmten Ton auch prompt und vollendet wieder ausklingen. Verschiedene Holzarten und Hölzer betonen und verstärken zudem verschiedene Frequenzen der Saiten. So entscheidet das Holz über die Klangfarbe des Instruments.

Hier ist jeder Winter lang und hart: Gebirgsfichten an der Baumgrenze

Die **BESTEN HÖLZER FÜR DEN GEIGENBAU FINDET MAN IN HÖHEREN LAGEN**, in den Alpen, den Pyrenäen, den Karpaten oder im Böhmerwald. Hier wächst das Holz anders als im Flachland und hat darum ganz besondere Eigenschaften, die für den Resonanzkörper der Instrumente so wichtig sind. Auf den Höhen wächst das Holz langsamer, seine Jahresringe sind schmaler, enger, feiner als bei den Kollegen im Tal. Berghölzer sind wie die Hölzer aus kalten Regionen **FEINJÄHRIG**, so der Fachbegriff für diesen besonderen Holzaufbau. Der Grund ist einfach. In der rauen Witterung an den Berghängen ist die Zeit des Wachstums deutlich kürzer, auf wenige Monate begrenzt. Die Zellen dieser Hölzer sind nicht besonders dickwandig und fest. Der Zimmermann, der kräftiges Holz für einen

## KNOCHENLEIM

Das Verleimen von Hölzern war früher eine Arbeit, die gut vorbereitet sein wollte. Vor der Einführung moderner Kunstharzleime benutzte man tierische Leime, die durch das Auskochen von Häuten und Knochen gewonnen wurden. Man nennt sie Glutinleime, das Glutin ist eine klebrige Eiweißverbindung. In Tafeln, Perlen oder Flocken wurde der Leim geliefert und erst in der Tischlerei zubereitet. Knochenleimtafeln mussten bis zu vierundzwanzig Stunden in Wasser eingeweicht werden. Anschließend wurde der Leim im Wasserbad auf dem Leimofen auf ungefähr 60 Grad Celsius erwärmt, und danach musste es ganz fix gehen, denn Knochenleime wurden warm verarbeitet. Sogar die zu verarbeitenden Holzteile mussten vorgewärmt sein, durch erhitzte Metallplatten beispielsweise. Eine mühselige Sache, Stress in der Werkstatt: »Mach hin!« Nach dem Erkalten wurde der Leim sehr hart und sorgte für eine dauerhafte feste Verbindung, die aber gegen Feuchtigkeit empfindlich war.

Dachstuhl sucht, kann deswegen mit Bergfichten kaum etwas anfangen. Doch der Geigenbauer wird hier fündig. Gut für den Klang ist auch, dass die Bäume hier nicht auf schweren, feuchten Böden stehen und damit der Anteil an Harzen im Holz geringer ist.

In normalen Höhen ist all das ganz anders. Feinjährige Nadelhölzer sind hier besonders fest, dicht und schwer. Denn sie enthalten viele Anteile des sogenannten Spätholzes, das in den späten Monaten des Jahres wächst. Spätholz hat dickwandige, robuste Zellen. Das schnell wachsende Frühholz aber ist leichter und dünnwandiger, es enthält mehr Wasser. Der ganze Zellverband ist weitmaschiger und nicht besonders solide. Feinjährig und leicht, Frühholz und kaum Spätholz, das geht nur in der Höhe. Fichte ist eben nicht gleich Fichte, nicht nur die Baumart zählt, sondern auch der Standort des Baumes, die Bodenbeschaffenheit und die Wetterbedingungen. Und was wir hier über enge Jahresringe und Spätholzanteile gesagt haben, das ist bei Laubbäumen wie der Eiche schon wieder ganz anders. So kompliziert und faszinierend ist das Innenleben unserer Bäume. Und das lässt ahnen, dass es genug zu forschen gibt, wenn man dem empfindlichen Klanggeheimnis einer Stradivari auf die Spur kommen will.

Was man da nicht alles versucht! Holzforscher von der Eidgenössischen Materialprüfungs- und Forschungsanstalt im schweizerischen St. Gallen haben zum Beispiel einen **»STRADIVARI-PILZ«** arbeiten lassen, um Fichte und Bergahorn für allerhöchsten Klanggenuss zu trimmen. Mehrere Wochen waren die

Hölzer dem Pilzbefall ausgesetzt. Die Pilze zersetzten Teile des Holzgewebes, verschonen dabei aber das Lignin, also den für die Stabilität entscheidenden Holzstoff. Klar, was die Forscher wollten. Sie wollten Bergholz nachahmen, indem sie die Holzdichte noch weiter verringerten. In der Werkstatt eines Schweizer Geigenbaumeisters entstanden dann einige pilzbehandelte Geigen. Sie kosten 25 000 Franken und klingen überaus warm und rund. Von einem ausgesuchten Testpublikum wurden die Pilzgeigen klanglich sogar höher bewertet als eine Stradivari aus dem Jahre 1711.

*Klopfen und Horchen: Wie klingt das Holz?*

Joseph Nagyvary, ein Biochemiker aus den USA mit einer Leidenschaft für das Geigenspiel, hat eine andere Auffassung zu Stradivaris Geheimnis entwickelt. Er ergatterte einige Holzproben von Stradivari-Instrumenten, die bei Reparaturen abgefallen waren. Die hat er im Labor genau untersucht und dabei Spuren von Borax, Chrom und Eisensalzen gefunden. Seine Vermutung: In Stradivaris Werkstatt wurde das Holz mit diesen **CHEMIKALIEN** getränkt oder gar gekocht, um es gegen Schädlinge zu schützen. Und durch diese Behandlung, so der Forscher, habe das Holz seine unnachahmlichen Klangeigenschaften erhalten.

Schon länger gibt es die Auffassung, das Klanggeheimnis sei in dem Lack zu suchen, mit dem Stradivari und andere Meister ihre Instrumente behandelten. Ist der Lack zu weich, so wird der Ton zu stark gedämpft, ist er zu hart, so klingt die Gei-

Ein Vorteil: Durch erneute Erwärmung ließen sich die Verbindungen problemlos wieder lösen. Bis weit ins letzte Jahrhundert spielten die Glutinleime, vor allem im Möbelbau, eine wichtige Rolle. Viele schwören noch heute auf diese natürlichen Leime. Wichtig ist er natürlich für Restauratoren. Und für Geigenbauer! Knochenleim ist hart und starr, er überträgt keine ungewollten Schwingungen.

Geigenbauer in der Werkstatt: Ruhe und Konzentration sind oberstes Gebot

ge schrill. Da **HATTE JEDE WERKSTATT IHR HAUSREZEPT**, ein Betriebsgeheimnis, das die Meister nicht einmal ihren treuesten Gesellen verrieten. Die letzten Arbeitsschritte übernahmen sie ohnehin selbst. In der Hochzeit der Geigenbaukunst besorgten sie den endgültigen Zusammenbau der Instrumente und erledigten die Oberflächenbehandlung. Bis dahin hatten sie jeden Arbeitsschritt mit Argusaugen überwacht. Geigenbaumeister vom Schlage eines Stradivari waren keineswegs nur nette, freundliche und umgängliche Menschen. Sie waren streng, und mancher Lehrling und Geselle erlebte sie als Haustyrannen, die nichts dem Zufall überließen. Stradivari, so ist überliefert, wuselte ständig durch die Werkstatt und gab keine Ruhe, von morgens bis abends.

Vielleicht liegt das Geheimnis der Geigen von Amati, Guarneri und Stradivari aber auch gar nicht im Holz, im Lack und auch nicht in der Gestalt des Geigenkörpers. Richard Sennett, ein amerikanischer Gesellschaftswissenschaftler, hat ein Buch über das »Handwerk«

geschrieben und darin auch das Leben und Arbeiten in Stradivaris Werkstatt beschrieben. Sein Verdacht ist, dass es möglicherweise eine ganze Reihe gewisser **HANDGRIFFE, KNIFFE, KENNTNISSE UND ARBEITSTECHNIKEN** gab, die der Meister nie beschrieben, nie in Worte gefasst hat. Sein Wissen um wichtige Details behielt er für sich. Vielleicht sogar weniger aus Argwohn oder bewusster Geheimniskrämerei, sondern aus der Gewohnheit, nicht viele Worte zu machen und nur das Geschick seiner Hände, sein Handwerk, sprechen zu lassen.

Prüfen der Dicke: Das Hobeln von Decke und Boden gehört zu den anspruchsvollsten Arbeiten beim Instrumentenbau.

Als Antonio Stradivari starb, führten seine zwei Söhne das Unternehmen fort. Aber die Kunst, Holz in wunderbare Instrumente zu verwandeln, das gewisse Etwas in jeden Handgriff zu legen, das hatten sie ihrem Vater nicht abgeschaut. Und so musste eines Tages die Werkstatt geschlossen werden. Andere Geigenbauer hatten die Gunst der Musikliebhaber erobert. Bis heute jedenfalls ist das Rätsel um die altehrwürdigen Violinen ungelöst. Was ja eigentlich auch viel spannender ist. Es ist und bleibt ein Holzgeheimnis der ganz besonderen Art.

Geigenbau ist bis heute ein faszinierendes Handwerk geblieben. In den Werkstätten unserer Zeit sieht es gar nicht so viel anders aus als in den vergangenen Jahrhunderten. Der Bau der kunstvollen Instrumente entzieht sich der automatisierten Serienfertigung. Nach wie vor sind es eher kleine Unternehmen, in denen sie entstehen. Und auch die Instrumente sehen im Grunde immer noch so aus wie zu

Die Oboe hat ihren Namen aus dem Französischen, *hautbois* bedeutet »hohes Holz«. Zu ihren Verwandten zählen Fagott und Schalmei. Nur 6 ihrer 23 Klappen werden mit den Fingern gedeckt, die anderen durch Klappen. Hörprobe: Antonio Vivaldi komponierte 20 Oboenkonzerte.

Zeiten der alten Italiener. Bei den **HOLZBLASINSTRUMENTEN** ist das anders. Woher sollten auch all die vielen Blockflöten kommen, die im Schulunterricht bespielt werden. Hier können moderne Fräsmaschinen einen guten Teil der Arbeit übernehmen. Aber gutes Holz müssen auch die Fabriken erst einmal bekommen. Sie benötigen ganz andere Hölzer als die Geigenbauer.

Bei diesen Instrumenten, bei Fagott, Oboe, Klarinette und Flöte, entsteht eine schwingende Luftsäule. Sie macht den Ton, das Instrument soll nicht mitschwingen. Hart und starr muss das Holz sein. Ein Holz, das diese Anforderung bestens erfüllt, kennen wir aus unseren Gärten und auch von Friedhöfen. Dort steht es als Strauch oder Hecke, wird regelmäßig beschnitten, mal als Kugel, mal als Pyramide, ein winterfestes Grün: der **BUCHSBAUM**. In den südeuropäischen Mittelmeerländern ist Buchsbaum sehr verbreitet, auch in der Türkei und im Kaukasus. Er braucht nur zweierlei: Wasser und Geduld. Buchsbaum wächst sehr langsam, ein stattlicher hoher Baum wird er nie. Aber sein Holz ist sehr hart und schwer, fein und gleichmäßig aufgebaut. Geduld braucht auch, wer dieses Holz verarbeiten will. Es muss lange trocknen. Dabei schwindet es sehr stark, und die Gefahr, dass sich Risse bilden, ist groß. Kein Wunder, dass Buchsbaumholz knapp und teuer ist.

## HOLZBLASINSTRUMENTE ...

... sind übrigens streng genommen nicht alle aus Holz. Auch das Saxophon zählt man zu den Holzblasinstrumenten. Das Mundstück und die Art der Tonerzeugung sind entscheidend. Die Luftsäule wird durch das Blasen über ein Loch oder ein Rohrblatt in Schwingungen versetzt. Die Länge der schwingenden Luftsäule bestimmt die Tonhöhe. Bei den Blechblasinstrumenten wie Trompeten oder Posaunen wird der Ton dagegen unmittelbar durch die Lippen und ihre Schwingung erzeugt.

Vor allem aus Ostafrika kommt ein Holz, das an Härte und Gewicht den Buchsbaum noch übertrifft und darum bei den Instrumentenbauern fast ebenso begehrt ist. Es heißt **GRENADILL** und wird oft auch als »Eisenholz« bezeichnet. Frisches Grenadill-Rundholz wiegt ungefähr 1400 Kilogramm pro Kubikmeter, hat also ein größeres spezifisches Gewicht als das Wasser und schwimmt nicht. Was der Buchsbaum mit 1200 Kilogramm auch nicht tut. Die Bäume sind unscheinbar, sehen aus wie Sträucher und erreichen kaum zehn Meter Höhe. Grenadill trocknet nur sehr langsam, doch es schwindet dabei nur wenig. Dafür ist es oft sehr unregelmäßig gewachsen, hat viele »Wuchsfehler«. Seine Bearbeitung ist schwer, man benötigt Werkzeuge aus besonders hartem Metall. Und erst das fertige Instrument lobt diese harten Hölzer in höchsten Tönen.

Flöten aller Art sind die ältesten Blasinstrumente. Hörprobe: Wolfgang Amadeus Mozart komponierte 1778 das Flötenkonzert G-Dur KV 313.

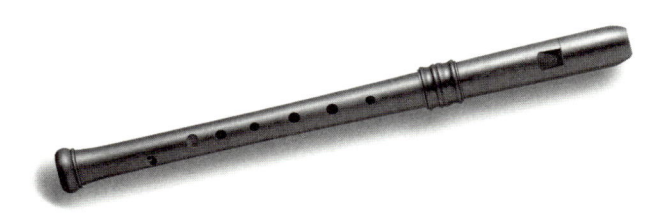

# REDEWENDUNGEN
# RUND UMS HOLZ

Ein Material wie das Holz, das den Menschen seit Jahrtausenden begleitet, hat natürlich auch in unserer Sprache seine Spuren hinterlassen. Dabei kommt es allerdings oft nicht so gut weg. Der **HOLZWEG** ist der falsche Weg. Früher wurden auf den Holzwegen von Pferdefuhrwerken die gefällten Bäume abtransportiert. Wer auf dem Holzweg ist, landet also irgendwo im finsteren Tann, aber nicht am Ziel.

Und der **HOLZKOPF** ist nicht gerade gewitzt und schlau. Die **HOLZKLASSE** in Bus und Bahn meinte früher die billigen Abteile mit den harten Sitzbänken. Und auch beim Fußball steht die **HOLZEREI** nicht gerade für Spielwitz und schnelle Kombinationen, sondern wird mit gelben und roten Karten geahndet. **WO GEHOBELT WIRD, DA FALLEN SPÄNE**, auch dieser alte Merksatz steht nicht für feinfühlige Tätigkeiten. Oft fällt er, wenn rabiates Vorgehen gerechtfertigt werden soll. Dann ist er eine blöde Entschuldigung. Wenn allerdings umfangreichere Baumaßnahmen anstehen, dann bringt er ganz richtig zum Ausdruck, dass auch einiger Staub aufgewirbelt werden wird. Wer sich wie **DIE AXT IM WALDE** aufführt, ist kaum besser als der Elefant im Porzellanladen. Anders ist es mit dem scharfen Gerät in Haus und Hof: **DIE AXT IM HAUS ERSPART DEN ZIMMERMANN**, sprach Schillers Wilhelm Tell und wurde zum Vater aller Baumärkte: *Do it yourself* ist angesagt. Selbermachen erspart den teuren Fachmann. Bei solchen Tätigkeiten gilt: **HOLZAUGE, SEI WACHSAM!** Das bedeutet: Aufgepasst! Die Wendung ist erst seit dem Zweiten Weltkrieg gebräuchlich und ihre Herkunft rätselhaft.

Holzaugen als Sensoren für besondere, unbekannte Gefahren?
**HOLZ LESEN** bedeutet Holz sammeln, und **HOLZ MACHEN** heißt Bäume schlagen und Holzscheite spalten, um genug Brennholz für den Winter zu stapeln. **HOLZ SÄGEN**, das macht man auf dem Sägebock – und im Bett. Da meint es unerträgliches Schnarchen. **AUF HOLZ KLOPFEN** ist etwas Ähnliches wie die Daumen drücken: Hoffentlich geht es gut.

Das schönste hölzerne Sprachbild heißt: **DEN WALD VOR LAUTER BÄUMEN NICHT SEHEN** und bezeichnet die alltäglichen Irrungen und Wirrungen zwischen dem Einzelnen und dem Ganzen. Erklärt sich selbst, oder?

Dann gibt es noch die Leute, die gern **VOM HÖLZCHEN ZUM STÖCKCHEN** kommen, den Kern der Sache aber bei ihrer langen Rede fast vergessen. Das nervt. Andere **RASPELN SÜSSHOLZ**. Das kann ja ganz nett sein.
**DER MENSCH IST EIN KRUMMES HOLZ**, das gab im 18. Jahrhundert schon der Philosoph Immanuel Kant zu bedenken. Der Mensch ist nicht glatt und perfekt, er macht Fehler, hat Fehler, und wer ihn ganz gerade biegen will, der macht einen noch größeren Fehler, das meint dieser Satz. Und wer den **SPLITTER IM AUGE DES ANDEREN** so deutlich sieht, dass er sich kaum noch einkriegen kann, dem sagt Jesus in der Bergpredigt: »Was siehest du aber den Splitter in deines Bruders Auge und wirst nicht gewahr des Balkens in deinem Auge?«

# Baum und Wald —3—
# Die Eiche: Wälder und Klimawandel

**Wie geht es unserer Eiche?** Sagen wir, sie ist jetzt hundert Jahre alt, kein jugendlicher Baum mehr, aber im allerbesten Alter. Rund zehn Prozent unserer Eichen sind älter als hundertsechzig Jahre. Zum Vergleich: Mehr als die Hälfte unserer Fichten sind noch keine sechzig Jahre alt. Unsere Eiche wird jetzt einen Stammdurchmesser von etwa 30 Zentimetern haben und eine Wipfelhöhe von 25 Metern. Wenn der alljährliche Raupenfraß ihr nicht allzu sehr zugesetzt hat und sie auch vom Eichenmehltau, einer gefährlichen Pilzkrankheit, verschont blieb, dann müsste sie eigentlich ganz prächtig dastehen. Dass sie und ihre Artgenossen unter Wissenschaftlern und Forstfachleuten in den letzten Jahren wieder zu einem wichtigen Thema, ja zu einem Hoffnungsträger, geworden sind, weiß sie natürlich nicht.

Wie geht es unserer Eiche? Das fragen auch die alljährlichen **Waldzustandsberichte.** Und da liest man nicht nur Gutes. Wie viele andere Bäume leidet auch die Eiche unter Schadstoffen in der Luft, Stickstoff- und Schwefelverbindungen, und unter den sehr heißen und trockenen Sommern der letzten Jahre. Viele unserer Bäume stehen unter Stress, heißt es oft. Sichtbar wird das am deutlichsten an ihren Kronen, sie sind nicht so dicht wie bei gesunden, kräftigen Bäumen ihrer Art.

Und doch haben wir mit der Eiche einen Baum gewählt, der für die Zukunft besser gerüstet scheint als andere Arten. Dem einsetzenden *Klimawandel* hat sie, so sagen die Fachleute, mehr entgegenzusetzen. Dass sie durch ihre tief reichende Pfahlwurzel auch Trockenperioden recht schadlos übersteht und in dieser Hinsicht die Buche übertrifft, ist dabei ganz wichtig. Und die tiefe, feste Verwurzelung im Boden macht die Eiche auch standfest gegen starke Stürme. Die aber, so sagen die Klimaforscher, werden auch bei uns in Europa häufiger auftreten. Lothar und Kyrill, so hießen zwei berühmte Stürme in den Jahren 1999 und 2007. Viele Menschen kamen in Europa zu Tode. In unseren Wäldern richteten die Stürme ganz

Traubeneiche

# Waldsterben

Etwa seit 1975 traten in vielen Wäldern neue Schäden auf. Vor allem die Nadelbäume litten, bald aber auch die Laubbäume. Braune Nadeln, hängende Zweige und geringes Wachstum wurden beobachtet. Viele Bäume standen da wie tot. Als vorrangige Ursache wurde bald die allgemeine Luftverschmutzung ermittelt. Abgase aus Fabriken, Flugzeugen und Autos erzeugten große Mengen an Schwefel- und Stickstoffverbindungen, die als »Saurer Regen« Pflanzen und Böden schädigten. Die Sache schien bedrohlich. »Der Wald stirbt«, so oder ähnlich lauteten die Schlagzeilen. »Le Waldsterben« sagten sogar unsere Nachbarn, die Franzosen, amüsierten sich dabei aber auch ein wenig, welche Ängste die alte Liebe der Deutschen zu ihrem Wald da hervorrief.

enorme Schäden an. Bäume knickten um wie leichte Hölzer. Millionen von Kubikmetern Holz lagen in den Wäldern, der finanzielle Schaden ging in die Milliarden. Das umgeknickte Holz musste geborgen werden, ehe Schädlinge wie der Borkenkäfer es sich zur Beute machten. Das bedeutete viel Aufwand. Es mussten Holzlagerplätze eingerichtet werden. Und um das Holz vor Schädlingsbefall zu schützen, musste es durch Sprühanlagen stets feucht gehalten werden. Plötzlich war so viel Holz im Angebot, dass die Verkaufspreise gleich fielen.

Eintönige Nadelwälder liegen nach solchen Ereignissen auf großen Flächen flach auf dem Boden. Forstleute setzen darum heute wieder verstärkt auf die Eiche. Andere Bäume mögen schneller wachsen, doch das Risiko, dass ganze Wälder fallen, ist viel zu groß geworden. Die vermehrte Aufforstung mit Eichen hat darum schon begonnen. Nicht nur mit Eichen natürlich, *Mischwälder sollen gefördert werden,* denn sie sind rundum widerstandsfähiger als riesige Flächen mit nur einer Baumart. Auch die Douglasie, ein Nadelbaum, der aus Nordamerika zu uns kam, gilt als ein Baum der Zukunft, der stellenweise die Fichten ersetzen könnte. Geduld und Planung auf sehr lange Sicht sind gefragt. Es gehört zu den Merkmalen der Forstberufe, dass sie den Ertrag ihrer Arbeit nie sehen werden. Die Aufforstung, die Pflanzung, die sie machen, wird erst eines sehr fernen Tages in voller Pracht stehen.

Die Bäume aber sind dem Wetter nicht nur ausgesetzt, sie beeinflussen es auch. Wer einmal an einem heißen Sommertag mit dem Fahrrad in brütender Hitze unterwegs war und dann in einen Wald hineingefahren ist, weiß, wie erfrischend kühl es von einer Sekunde auf die nächste werden kann. Die Bäume sind ein Schutzdach gegen die Sonnenstrahlen. *Wälder sind Luftfilter und Feuchtigkeitsspeicher.* Sie kühlen durch Verdunstung und sie entziehen der Luft viele Schwebstoffe. In den Städten sind die Parks mit ihren teils erstaunlichen Baumbeständen oft die einzigen Flächen, die sich nicht mit der Hitze des Tages aufladen. Ohne sie wäre es geradezu unerträglich. Wälder reinigen Wasser, verringern Windgeschwindigkeiten, schützen vor Lärm, in den Bergen vor Lawinen. Wo keine Bäume wurzeln, da wird das Erdreich einfach weggespült oder verweht. Und was in kleinerem und mittlerem Maßstab gilt, das gilt in vergleichbarer Weise auch für den ganzen Erdball.

Seit 1984 gab es dann den alljährlichen Waldschadensbericht, der heute Waldzustandsbericht heißt. In den 1990er Jahren besserte sich die Situation, der Wald tat, was wir in ihm tun: Er erholte sich. Nun kann man lange streiten, ob die Gefahren damals übertrieben düster ausgemalt wurden. Oder ob nicht gerade der laute Alarmruf bewirkte, dass etwas geschah. Heute jedenfalls wächst unser Wald, auch wenn er nicht »gesund« ist. Und zurzeit liefert er noch mehr Holz, als wir verbrauchen. Wir haben aber allen Grund, den Wald zu beobachten, die Bäume zu untersuchen und mögliche Gefahren zu erkennen.

Deutschland ist das waldreichste Land in Europa. 11,1 Millionen Hektar, etwa ein Drittel der Fläche des Landes, gehört den Bäumen. In diesen Wäldern wachsen jährlich fast 120 Millionen Kubikmeter neues Holz. Das ist der Zuwachs. Ein wenig geschätzt, gerechnet und gerundet ergibt das pro Sekunde einen Holzwürfel mit einer Kantenlänge von 1,55 Meter. Rechnete man nur die Frühlings- und Sommermonate ein, in denen die Bäume tatsächlich wachsen, wäre er sogar doppelt so groß.

Mit dem Harvester ist Baumfällen schnell gemacht: Absägen, Entasten und Ablängen in einem Arbeitsgang

Fast ein Drittel der weltweiten Waldfläche bedecken die *nördlichen Nadelwälder,* unermessliche Weiten in Sibirien und Nordamerika. Damit gehören sie zu den größten Kohlenstoffspeichern der Welt. Wenn diese Wälder durch Kahlschläge und Übernutzung, durch Wassermangel und daraufhin zunehmenden Schädlingsbefall in Gefahr gerieten, könnte das unabsehbare Folgen für das Klima haben und die Erwärmung der Atmosphäre weiter beschleunigen. Da die Böden in diesen nördlichen Regionen zudem enorme Mengen an Methan speichern, blicken viele Wissenschaftler mit Sorge auf diese Wälder. Methan ist ein Gas, das den Treibhauseffekt noch viel stärker antreibt als das Kohlendioxid.

Mehr Aufmerksamkeit ist den *tropischen Regenwäldern* in Südamerika, Afrika und Asien gewidmet worden. Bereits seit Jahrzehnten werden diese Wälder ausgebeutet und haben dramatisch an Fläche verloren. Noch um 1950 bedeckten sie rund 12 Millionen Quadratkilometer unseres Planeten, fast so viel wie die Nadelwälder. Um die Jahrtausendwende fünfzig Jahre später war die Hälfte davon bereits verschwunden. Und der Raubbau hält an. Pro Minute fallen 14 Hektar Wald, also 140 000 Quadratmeter, rund dreißig Fußballfelder, so lauten die Schätzungen. Satellitenbilder bestätigen die Größenordnung.

Die Regenwälder liegen als »grüner Gürtel« der Erde nördlich und südlich des Äquators. Sie sind der Lebensraum für eine unglaubliche Vielfalt an Pflanzen und Tieren. Sie zu zählen und zu ordnen ist eine schier endlose Aufgabe. Dabei sind es gar keine schweren und nährstoffreichen Böden, auf denen diese Wälder wurzeln, im Gegenteil, die Bodenschicht ist ärmer und dünner als in unseren Breiten.

Regenwälder, der Name sagt es ja, sind vor allem feucht und heiß. Die Pflanzen pumpen das Wasser aus den Böden. Ihre Blätter entziehen der Luft Kohlendioxid und verdunsten dabei große Mengen an Wasser. So große Mengen, dass sich über den Wäldern schnell neue, schwere Nebel und Wolken bilden, die gleich wieder für Regen sorgen. Und die Wolken, die vom Meer heranziehen, bringen immer wieder Nachschub. Das riesige Grün ist ein *großer Wasser- und Temperaturregler.* Wenn an seine Stelle heiße, vertrocknete Kahlflächen treten, so haben die Klimaforscher berechnet, wird das schlimme Folgen für das weltweite Wettergeschehen haben. Mit

Undurchdringlicher Regenwald: Zwischen den Bäumen wächst eine Vielzahl anderer Pflanzen.

## *Plantagenholz*

Holzplantagen sollen dafür sorgen, dass für das gefällte und verkaufte Holz auch wieder neues angebaut wird. Immerhin, ein erster wichtiger Schritt, unseren Holzbedarf zu decken und die völligen Kahlschläge zu vermeiden. Aber es gibt die unterschiedlichsten Plantagen. Und man darf nicht vergessen, dass Plantagen eben auch große Monokulturen sind, also alles andere als gut durchmischte, stabile »Wälder«. Wo heute Plantagen sind, waren vorher vielleicht einmal intakte, gesunde Baumbestände mit vielen Arten. Auf sogenannten Kurzumtriebsplantagen wird bei möglichst kurzer Wuchszeit Holz als Energielieferant produziert. Plantagen sind also alles andere als eine Patentlösung.

letzter Sicherheit können sie all diese komplizierten Prozesse nicht vorhersagen. Doch die Menge an Forschungsergebnissen und Messdaten, die ihnen heute zur Verfügung stehen, lassen grundlegende Zweifel eigentlich nicht mehr zu.

Im triefenden Nass der tropischen Wälder stehen faszinierende Bäume. Gleichmäßig wachsen sie und sehr langsam. Durch Jahreszeiten bedingtes Früh- und Spätholz, das gibt es bei diesen Edelhölzern nicht. Ihr Holz ist ungemein hart und schwer, viele Arten sind gegen Pilze und Termiten beständig. Mahagoni, Padouk, Palisander, Wenge, Ebenholz und Teak sind nur die bekanntesten Namen. Sich für solche Hölzer zu begeistern ist eine Sache, dafür aber die Bäume zu fällen eine andere. Viele tropische Baumarten sind bedroht. Und der *Kampf gegen den illegalen Holzhandel* hat erst begonnen. Handelsverträge und Zertifikate sollen helfen, Holz aus Raubfällungen zu meiden. Anfänge gibt es, aber nicht mehr: 2013 soll ein freiwilliges Partnerschaftsabkommen zwischen der Europäischen Union und Kamerun in Kraft treten, das den Holzhandel verpflichten will, nur rechtmäßig geschlagene Hölzer zu verkaufen und die Herkunft der gehandelten Stämme auszuweisen. Kamerun ist der größte Exporteur von Harthölzern nach Europa. Derartige Abkommen sind aber leider noch die Ausnahme.

Es gibt noch einen Haken bei der Sache. Und auch der ist denkbar unschön. Der große *Raubbau* an den Regenwäldern geschieht oft gar nicht nur wegen des Holzes. Auf den gerodeten Flächen entstehen Weideflächen für Rinder oder riesige Ackerflächen für den Anbau von Soja. Daraus werden die Futtermittel für die Tiere hergestellt, die bei uns in Europa in den Ställen stehen. Für diese vielen Tiere könnten wir auf unseren eigenen Ackerflächen gar nicht genug Nahrung gewinnen. In Südostasien wird durch die Beseitigung der Wälder Platz geschaffen für Plantagen mit Ölpalmen. Palmöl ist ein wichtiger Stoff für unsere chemische Industrie. So haben wir mit der Vernichtung der Regenwälder viel mehr zu tun, als wir im ersten Moment denken mögen.

Werfen wir einen letzten Blick auf unsere Eiche. Da ist die Sache zum Glück nicht so kompliziert. Wird sie bald gefällt? Nein, wird sie nicht. Sie steht an einer ziemlich unzugänglichen Stelle, an einem abschüssigen Hang schaut sie weit ins Land. Da ist den Forstarbeitern das Fällen zu gefährlich und der Abtransport zum Lagerplatz am Wegesrand zu mühselig. Und wenn sie nun an anderer Stelle stünde und mit ihren hundert Jahren doch bald gefällt werden würde? Wäre das schlimm? Nein, das wäre es nicht. Schon gar nicht, wenn ein meisterhafter Zimmermann oder Schreiner das Holz irgendwann in seine Hände bekäme. Wir sollen unseren Wald *nutzen und immer wieder verjüngen.* Nur der junge Wald, der kräftig wächst, ist ein leistungsstarker Speicher für das Kohlendioxid. Wer Plastik kauft, um Holz zu sparen, der ist wirklich auf dem Holzweg. Diese Vorstellung war mal sehr verbreitet, doch die Zeiten ändern sich. Heute wissen wir mehr über Wald und Holz.

Eukalyptus-Plantage in der Amazonas-Region: Schnell wachsen diese ursprünglich in Australien beheimateten Bäume in die Höhe und sind darum weltweit zum Liebling der Zellstoffindustrie geworden. Sie gelten als problematische Bäume, denn sie verdrängen andere Arten, verbrauchen viel Wasser und verursachen durch die ätherischen Öle in ihren Blättern ökologische Schäden. In ihren Kronen ist es still, keine Insekten, keine Vögel. »Grüne Vampire« werden sie auch genannt.

# WELTENBAUM UND ZAUBERSTAB: GÖTTERSAGEN, KULTE UND HEILKRÄFTE

Seit alters her ranken sich um die Bäume in allen Kulturen und Völkern unzählige Geschichten. Die Bäume wurden den Göttern geweiht, sie waren bevölkert von guten und bösen Geistern, sie wurden verehrt und gefürchtet. Viel Aberglaube steckt in all den alten Sagen, aber auch viel genaue Beobachtung und Kenntnis. Volksglaube und Volksmedizin sind eng verbunden. Die Rinden, Blätter, Früchte und Samen der Bäume lieferten **WICHTIGE STOFFE FÜR DIE HAUSAPOTHEKE** der Völker, für Salben, Tees und Wundauflagen, gegen Husten, Fieber und Entzündung. Und Huckleberry Finn wusste sogar, wie man, »genau um Mitternacht«, allein im finsteren Wald, an einem alten Baumstumpf Warzen vertreibt. Hat er jedenfalls seinem Freund Tom Sawyer verraten.

Für die Germanen war ein Baum die Mitte der Welt, **YGGDRASIL**, die Weltesche. Götter, Elfen, Riesen, Zwerge und die Toten finden in neun Welten auf dem Weltenbaum ihren Platz. Wie die Weltenbäume vieler anderer Völker hat er drei Ebenen: Himmel, Erde und Unterwelt, also Krone, Stamm und Wurzelwerk. Yggdrasil ist voller Tiere. Ganz oben sitzt ein Adler, mit seinen Schwingen erzeugt er die Winde. Unten liegt Nidhögg, der Drache, ein Leichenfresser und Bluttrinker. Zwischen Drache und Adler rennt Ratatosk hin und her, das Eichhörnchen, und übermittelt gegenseitige Beschimpfungen. An den drei Wurzeln der Esche sitzen die drei Nornen, die Göttinnen des Schicksals, Urd, Verdandi und Skuld, Expertinnen für Vergangenheit, Gegenwart und Zukunft. Yggdrasil, der mächtige Baum, übersteht sogar Ragnarök, den großen Krieg der Götter. Und auch zwei Menschen überleben ihn im Schutz des Blattwerks.

Viele der Baumgeschichten hängen natürlich eng mit dem Lauf der Jahreszeiten zusammen. Die schnell wachsende, das Licht liebende **BIRKE** mit ihren weißen Stämmen wurde zum Symbol für den Frühling, für Wachstum und Fruchtbarkeit. In Russland wird der Baum verehrt und geliebt, in Estland ist er zum Wahrzeichen der Nation geworden. Und die Menschen nutzten ihn. Schon in der Jungsteinzeit wurde aus Birkenrinde ein Teer gewonnen, der als Dichtungsmittel und

Klebstoff beste Dienste tat. Fackeln aus Birke erhellten die Nacht, im Dampfbad peitschte man mit Birkenreisern die Haut, warmes Birkenharz half gegen Wundeiterungen, der Birkensaft sollte gegen Gallenstein und Bandwurm helfen – und gegen den Ausfall der Haare. Noch heute schmückt bei uns die Birke als Maibaum viele Dorffeste.

Auch der **VOGELBEERBAUM**, die schöne Eberesche, die früh im Jahr schon grünt, ist zum Symbol des Lebens geworden, obwohl die Blüten unangenehm riechen. Ihre Zweige am Stall sollten die Fruchtbarkeit der Tiere erhöhen und Krankheit und Unheil vom Hof halten. Aus dem Holze der Eberesche wurden einst, so heißt es, die Zauberstäbe der keltischen Druiden geschnitzt. Vogelbeeren müssen vor dem Verzehr erhitzt werden, sonst bekommt man Durchfall oder Erbrechen. Der Tee aus den Blättern hilft gegen Blähungen, der Tee aus den Blüten gegen Bronchitis. Voller Angst und Sorge blickte man dagegen auf die **SCHWARZE ERLE**. Das hat wohl mit ihrem bevorzugten Standort zu tun, den flussnahen, feuchten Auenwäldern. Im dichten Nebel stehend, regten diese Bäume die dunkle Fantasie mächtig an. In ihrer Nähe lungerte gewiss ein Erlenweib herum und wartete auf sorglose Wanderer, die es mit Magie und Tücke in die Sümpfe lockte, um ihnen den Garaus zu machen. Und der Erlkönig erst … aber vor dem hat ja schon Johann Wolfgang von Goethe in seiner gleichnamigen Ballade mit deutlichen Worten gewarnt. Und die Erle blutete auch! Schnitt man das Holz an, so wurde ihr Saft an der Luft plötzlich rot. Keltische Krieger sollen diesen Effekt begeistert genutzt haben – für ihre Kriegsbemalung. Zu den wunderlichsten Bäumen der Welt gehört zweifellos der **AFRIKANISCHE AFFENBROTBAUM**, der Baobab. Südlich der Sahara in der trockenen Savanne, besonders im Senegal, ist er zu finden. Der Baum kann Wasser speichern wie kein Zweiter. Merkwürdig sieht er aus, als ob er falsch herum stünde, mit den Wurzeln gen Himmel. Das war der Teufel, sagt eine der vielen alten Erzählungen. Fast alles am Baobab lässt sich nutzen, die Früchte, die Blätter, die Rinde. Nur sein Holz taugt zu nichts. Der Baum ist geradezu eine Apotheke, liefert Vitamine und seine Blätter Gemüse. Nur in der Nacht halte man sich von ihm fern. Da wird er, so ein alter Glaube, zur Herberge der Geister. Besonders auf schwangere Frauen hätten sie es abgesehen. Sie vertauschten deren ungeborene Kinder aus dem Mutterleib mit ihren eigenen. Alte ausgehöhlte Baobabs sollen auch als Grabstätten gedient haben, für verstorbene Zauberer, Dichter und Musiker.

# DAS PROTOKOLL DER HÖLZER
## JAHRESRINGE ALS ZEITMESSER UND KLIMAZEUGEN

Haus IV, über der Bibliothek, da müssen wir hin, da arbeitet Karl-Uwe Heußner, der Dendrochronologe oder **JAHRRINGFORSCHER DES DEUTSCHEN ARCHÄOLOGISCHEN INSTITUTS** (DAI). Im Berliner Bezirk Dahlem befindet sich die Zentrale des DAI, untergebracht in einigen alten Stadtvillen. In der ganzen Welt gibt es Zweigstellen des DAI, die ältesten und bekanntesten befinden sich in Rom und Kairo. Dass sich Heußners Arbeitsräume über der Bibliothek befinden, passt sehr gut zusammen. Denn auch er hat eine Bibliothek. Seine Bücher sind allerdings die Holzscheiben, die hier in allen Räumen liegen. Heußner liest im Holz wie in Büchern. Seine Buchstaben sind die Holzzellen, und seine Sätze sind die Jahresringe. Die Hauptaufgabe ist es, das Alter der Fundstücke aus aller Welt möglichst genau zu bestimmen.

Heußner hat den Keller voller Arbeit. Hier stehen die Kisten mit **HOLZPROBEN**, viele von Bauteilen aus Kirchenbauten und Fachwerkhäusern, alte Kellerbalken, Hausgeräte, Werkzeuge oder Reste alter Feuerstellen. Auch Holzkohle lässt sich oft noch gut einordnen. Die feuchten Proben und Unterwasserfunde sind in Folie eingewickelt. Sie dürfen nicht trocknen. Kaum zu schaffen, mag man da denken. Doch Heußner zeigt, wie schnell die Arbeit geht, wenn ein erfahrener Dendrochronologe eine Scheibe aus Eichenholz unter sein Mikroskop legt.

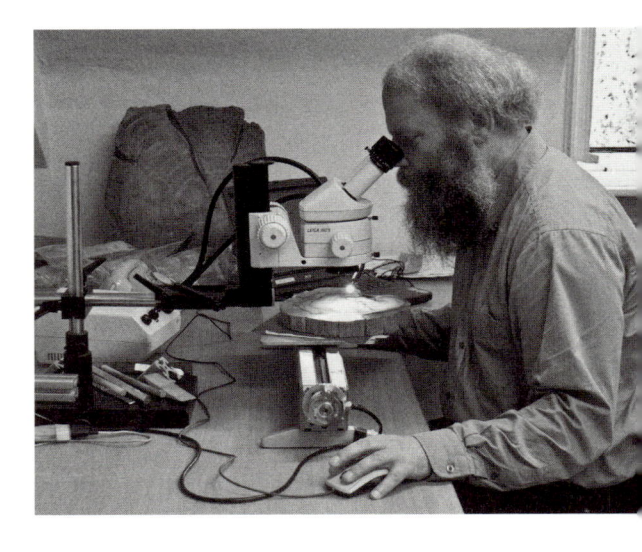

Jahrringmessung am Deutschen Archäologischen Institut in Berlin

Das Mikroskop ist nur ein Teil der **JAHRRINGMESSMASCHINE**, die die Arbeit des Dendrochronologen erleichtert und im Vergleich zu früheren Zeiten enorm beschleunigt hat. Auf einem elektronisch gesteuerten Gleitschlitten liegt die Probe und wird nun unter dem Objektiv entlanggefahren, mit einer Messgenauigkeit von wenigen Hunderstel Millimetern. Jeweils am Ende eines Jahresrings wird ein Signal ausgelöst, ein lustiger Ton erklingt, und auf dem Bildschirm eines Computers wird der Ring gezählt und zugleich seine exakte Breite in Millimetern angegeben: 1,1 – 1,3 – 0,9 – 0,7 – 1,9 – 2,1 Millimeter und so fort. Über fünfzig Wachstumsringe sollte man schon zählen, besser etwas mehr. Aus den ermittelten Werten erstellt der Computer ein Kurvendiagramm, eine Wachstumslinie des Baumes, dem die Probe entnommen ist. Diese Kurve ist wie ein Fingerabdruck.

In Heußners Computer ist nun eine Datenbank gespeichert, ein **ARCHIV DER BÄUME**, durchschnittliche Wachstumskurven vieler Baumarten in verschiedenen Landstrichen. Die große Datenbank, eine Art **EWIGER HOLZKALENDER**, ist im Laufe von Jahrzehnten

**Unerlässlicher Helfer:** Mit dem Zuwachsbohrer entnehmen die Forscher dem Holz einen etwa fünf Millimeter starken Bohrkern, den sie dann unter das Mikroskop legen.

entstanden, rund 80 000 Holzbestimmungen bilden heute ihre Grundlage. Aus diesem riesigen Archiv bietet das Programm eine Vorauswahl an, zehn Kurven, die der gerade erstellten Kurve sehr ähnlich sind. Jetzt legt Heußner diese Diagramme über die der neuen Probe. Schnell hat er eine Kurve gefunden, deren Verlauf mit dem der Probe fast übereinstimmt. Deckungsgleich sind die beiden Verläufe nicht, denn jeder Baum ist ein Einzelwesen. Aber über rund hundert Jahre ist hier das Auf und Ab der Jahresringe ohne große Abweichungen erkennbar. Auf das Muster kommt es an. Damit kann die Probe sicher eingeordnet und zeitlich bestimmt werden.

So schnell und einfach kann es gehen, doch immer wieder gibt es schwierige Fälle. Seine Arbeit bleibt ein **»PUZZLE MIT JAHRESRINGEN«**, sagt der Holzforscher. Knifflig wird es bei den Tropenhölzern. Wegen des sehr gleichmäßigen Wachstums sind bei ihnen Jahresringe nur sehr schwer erkennbar, sie sind ohne markante Grenzen. Solche Grenzen zwischen hellem Frühholz und dunklem Spätholz sind ja die Spuren ausgeprägter Jahreszeiten. Und auch die Vielzahl unterschiedlicher Baumarten der Regenwälder macht das Handwerk nicht gerade leichter.

Manchmal geht Heußner auch ins Krankenhaus. Denn dort kann er seine Hölzer im Röntgenlabor untersuchen lassen oder im Computertomografen. Beschaffenheit der Zellwände und der Holzfasern, Einlagerungen von Schwermetallen, das Verhältnis von Lignin und Cellulose, es gibt so einiges, was über die Zählung der Jahresringe hinausgeht. Anschaulicher sind andere **GESCHICHTEN**,

**DIE DIE HÖLZER ERZÄHLEN.** Narben verheilter Windrisse oder Frostrisse bedeuten schwere Stürme und kalte Winter. Aber auch die Breite der Jahresringe verrät schon viel. Jahre mit schwachem Zuwachs, das waren Jahre mit wenig Niederschlägen und schlechten Ernten. Und so sagt der magere Jahresring, in diesen Zeiten haben die Menschen gehungert und gefroren. Welches Holz aus welchen Regionen in alten Stadtbauten verwendet wurde, das wiederum ermöglicht Rückschlüsse auf Wirtschaft, Warenherstellung und Handelsverkehr, auf die Beziehung der Städte zu ihrem Umland, auf Reichtum und Eroberungen. So kann der Dendrochronologe anderen Archäologen und Historikern nicht nur eine gesicherte Datierung ihrer Funde liefern, schon das ist ja von unschätzbarem Wert, sondern viele weitere Informationen.

Die Anfänge der Jahrringforschung reichen weit zurück. Ein begnadeter Maler, aufmerksamer Naturbeobachter und ideenreicher Erfinder gehört zu ihren Vätern. **LEONARDO DA VINCI**, Schöpfer der weltbekannten Mona Lisa, erkannte schon im 15. Jahrhundert, dass die Ringe des Holzes auf die jährlichen Niederschläge schließen lassen. Mit der Erfindung des Mikroskops fand die neue Wissenschaft ihr wichtigstes Arbeitsinstrument. 1758 fand der Franzose Duhamel heraus, dass das Holz im Kambium des Stammes entsteht, aber erst siebzig Jahre später entdeckte sein Pariser Kollege Mirbel die eigentliche Bedeutung dieser hauchdünnen Schicht, in der sich die Holzzellen bilden. Zaghafte Anfänge also.

Doch dann kam 1901 ein Astronom aus Arizona, der zugleich ein früher Klimaforscher war. **ANDREW E. DOUGLASS** wollte den Zusammenhang zwischen der Sonnenaktivität und dem Klimageschehen auf der Erde erforschen. Da er nur unzureichende Wetteraufzeichnungen fand, schlug er einen Umweg ein, tauschte das Fernrohr gegen das Mikroskop und widmete sich den Jahresringen. Er wurde

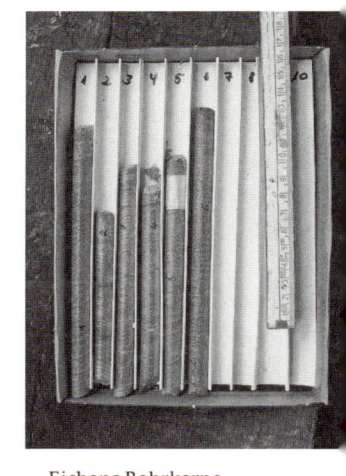

Eichene Bohrkerne aus einem Glockenturm, Ergebnis der Untersuchung: Die Kirche ist viel älter als vermutet.

zum ersten Dendrochronologen, der System und Methode in die Sache brachte, der erste Herr der Ringe, könnte man sagen. Douglass stellte eine **FÜNFHUNDERTJÄHRIGE HOLZCHRONOLOGIE** auf und machte seine Forschungen weltweit bekannt. 1937 wurde er Direktor des »Laboratory of Tree Ring Research« in Tucson in Arizona. 1962 verstarb er im Alter von fünfundneunzig Jahren. Und so erlebte er auch noch mit, wie seine Wissenschaft sich mehr und mehr Anerkennung erwarb und immer genauere Methoden erfand. Die Ringe im Holz wurden nun zum großen weltweiten Wetterbericht und zu Uhren der Weltgeschichte.

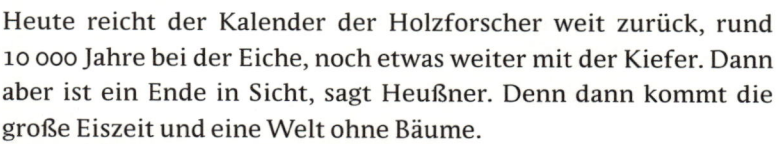

Heute reicht der Kalender der Holzforscher weit zurück, rund 10 000 Jahre bei der Eiche, noch etwas weiter mit der Kiefer. Dann aber ist ein Ende in Sicht, sagt Heußner. Denn dann kommt die große Eiszeit und eine Welt ohne Bäume.

Das **PROTOKOLL DER BÄUME** erzählt, in enger Verbindung mit schriftlichen Aufzeichnungen und mit Fundstätten alter Siedlungen, wie schnell sich menschliche Kulturen auch in früheren Zeiten schon gewandelt haben, wie die Menschen bisweilen ihren angestammten Lebensraum verlassen mussten, weil er unwirtlich wurde oder die Ackerböden ausgelaugt waren. Findet man auffällig viele Birken, so deutet das auf nicht mehr bewirtschaftete Äcker, auf denen sich die Birken besonders schnell ansiedeln konnten. Immer genauer ist der Klimakalender der Forscher mittlerweile geworden. Bäume in hohen Lagen geben Auskunft über die durchschnittlichen Sommertemperaturen vergangener Zeiten, Bäume in niederen Lagen erlauben Rückschlüsse auf die Niederschlagsmengen. Für das 14. Jahrhundert ermittelte man eine anhaltende Phase hoher Niederschläge. Europa wurde in der Jahrhundertmitte von einer schlimmen Pestwelle heimgesucht. Ein offensichtlicher Zusammenhang: Überall war es feucht, es herrschten geradezu ideale Bedingungen für die Erreger der Pest.

Der Blick zurück ist aber auch wichtig für den Blick nach vorn. Viele der Entdeckungen und Forschungen der Archäologen sind für eine andere, jüngere Wissenschaft interessant geworden, für die **KLIMAFORSCHUNG**. Fragen die Archäologen und Altertumswissenschaftler nach der Entwicklung vergangener Lebensräume, so fragen die Klimatologen nach der Entwicklung heutiger und künftiger Lebensräume. Und beiden Wissenschaften ist es eigen, lange Zeiträume in den Blick zu nehmen. Für die Klimaforschung ist der Blick zurück ein wichtiges Fundament. Je mehr sie da erfahren, umso gesicherter können sie ihre Modelle und Szenarien für die Zukunft aufbauen. Klimaschwankungen in der Vergangenheit, etwa die sogenannte Kleine Eiszeit vom 16. bis ins 18. Jahrhundert, sind Fallbeispiele, an denen man die Auswirkungen von Veränderungen des Wettergeschehens studieren kann. Die Dendrowissenschaftler sind mittendrin in all diesen neuen Forschungen.

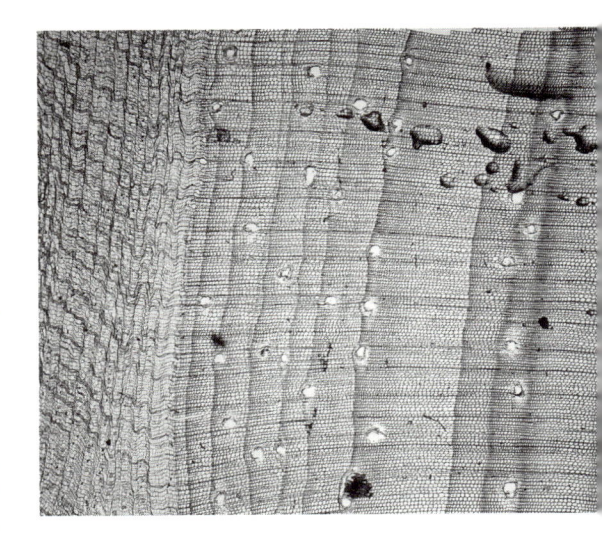

Für die Klimaforscher sind die Baumscheiben neben Bohrkernen aus dem Eis der Polargebiete und Ablagerungen in Gewässern ganz wichtige Quellen. Sie zählen und messen nicht nur die Jahresringe, sie untersuchen die Anatomie des Holzes noch genauer, machen sogenannte **DÜNNSCHNITTE** und analysieren die im Holz enthaltenen Isotope von Kohlenstoff, Sauerstoff, Wasserstoff und Stickstoff. Holzuntersuchungen bieten ihnen die Möglichkeit, das Wettergeschehen sehr genau und für ganz bestimmte Regionen zu erfassen. Aus den Ringen und Zellen lesen sie ab, wann es Dürren, Überflutungen oder schwere Stürme gab. Sie können Temperaturen, Niederschläge und Luftfeuchtigkeit erfassen.

Klimaforschung am Geoforschungszentrum Potsdam: Information aus jeder Zelle. Der Holzdünnschnitt einer Kiefer zeigt Früh- und Spätholzzellen, Schwankungen der Holzdichte und Harzkanäle als Folge von Trockenstress.

*letzter Jahresring*

*Jahrringbreite*

*Fällungsjahr des Baumes ist bekannt*

Überlappung

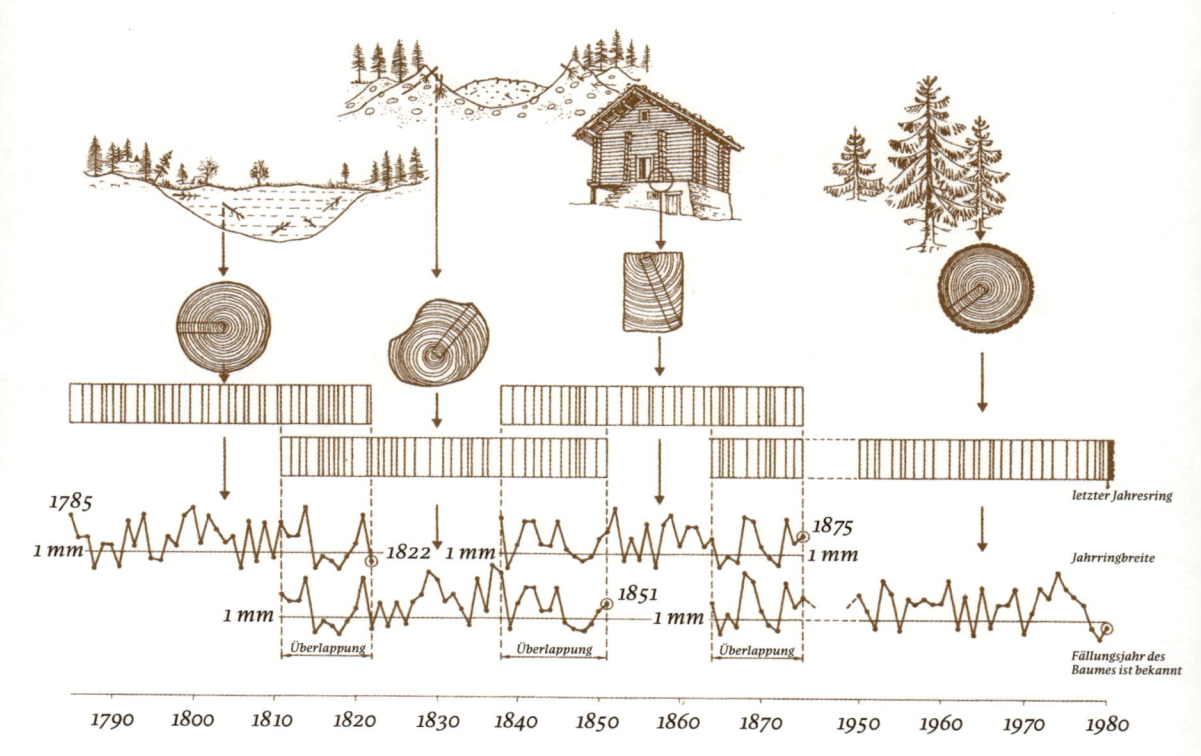

Wie reist man mit den Bäumen zurück in die Vergangenheit, immer weiter, über Tausende von Jahren? Man braucht Bäume, deren Jahresringe sich überlappen. Die erste Holzprobe stammt von einem lebenden Baum (*rechts*). Das Holz der Hütte ist schon älter, aber als das Holz dafür gefällt wurde, wuchs der Baum schon. Deshalb gibt es hier eine Überlappung: Die letzten Ringe des Hüttenholzes stammen aus derselben Zeit wie die ersten Ringe des Baumes. Dann geht es weiter, man findet verschüttete Stämme, die noch ein wenig älter sind, sich aber mit dem Hüttenholz überlappen. Und etwas tiefer liegen noch etwas ältere Stämme.

Die Blätter der Bäume sind der Ort, an dem Wasser- und Kohlenstoffkreislauf sich verknüpfen. Auch darum ist das Holz für die Klimaforscher so wichtig. Veränderungen der Erdatmosphäre und Entwicklungen von Landschaften seit der letzten Eiszeit können aus den **INFORMATIONEN IM HOLZ** abgelesen werden. Und dieses Wissen erlaubt es heute auch, Vorhersagen zu machen, auf welche Weise sich in Zukunft Landschaften verhalten werden, wenn es uns nicht gelingt, den allgemeinen Temperaturanstieg zu begrenzen. Die Bäume schweigen, aber sie geben Auskunft, wie es ihnen und unserem Lebensraum ergehen wird, wenn wir so weitermachen wie in den vergangenen zweihundert Jahren.

# DIE KOMMODE -4-
## VERLEIMEN, BEIZEN, LACKIEREN: FERTIG!

Ich war also wieder beschäftigt. Mit Spachtel und Stemmeisen füllte ich die Risse und etliche Wurmlöcher mit dem Holzkitt aus. Keine schwierige Arbeit, aber man brauchte wieder mal Geduld. Ich kam ins Nachdenken. Machte mir diese Arbeit eigentlich Spaß? Oder trieb mich nur die Aussicht auf das fertige Möbel an? Wahrscheinlich eine Mischung aus beidem, dachte ich. Und heute war es auch schon anders als in den vergangenen Wochen. Ich war mitten im Wiederaufbau. Dies waren die letzten Feinarbeiten, meine Kommode stand kurz vor der Fertigstellung. Aber jetzt war es gut, ich hatte genug gespachtelt und machte eine Pause. Der Holzkitt musste trocknen und gut durchhärten. Nach einer Stunde begann ich die behandelten Stellen einzuebnen und glatt zu schleifen.

Jetzt kam noch ein Arbeitsgang. Die alten, harten Leimreste mussten entfernt werden. Der neue Leim sollte ja Platz haben und vor allem in die Holzporen eindringen können, damit er gut binden konnte. Mit dem scharfen Stemmeisen ging das am besten, teilweise platzte der alte Leim richtig ab. »Ich glaube, das reicht«, sagte mein Vater. Er holte seine Zwingen und die »Knechte«, so heißen die großen Zwingen. Was brauchten wir noch? Leim, Leimpinsel, Holzklötzchen, Zeitungspapier, etwas lauwarmes Wasser und einen Lappen. »Es kann losgehen.«

Zuerst sortierten wir die Möbelteile und legten sie bereit. Dann überlegten wir, in welcher Reihenfolge wir die Teile zusammenleimen mussten. Nicht ganz unwichtig. Ich machte ständig schlaue Vorschläge, mein Vater sagte nur: »Keine Hektik.« Er probierte erst mal ohne Leim, ob alles gut zusammenpasste. Dann ging es los. Wie viel Leim trägt man eigentlich auf? Eigentlich ganz einfach, nicht zu viel und nicht zu wenig. Mit dem Pinsel wird der Leim einigermaßen satt aufgetragen und gut auf der Klebefläche verstrichen. Dann setzten wir die ersten Teile zusammen und platzierten die Zwingen. Bevor die richtig festgezogen wurden, überprüfte mein Vater mit dem Winkeleisen und dem Zollstock, ob alles »im Winkel« war. Mit dem Zollstock, das ist ein guter Trick: Man misst, ob die Diagonalen der Rechtecke übereinstimmen – und zwar auf den Millimeter! Machte mein Vater mehrfach: »Schraubt man die Zwingen fest, kann sich alles wieder verziehen. Also lieber ein Mal zu viel messen.«
Zwischen Zwingenteller und Holz legten wir immer ein Holzplättchen als Druckklotz, das vermeidet unschöne Abdrücke im Möbel. Wenn wir die Zwingen anzogen, quoll der überschüssige Leim hervor. Damit die Druckklötze nicht aus Versehen auf dem Möbel festgeleimt werden, legt man Zeitungspapier darunter. Das lässt sich später einfach wegschleifen. »Den hervorquellenden Leim entfernen wir gleich, mit etwas warmem Wasser und dem Lappen. Es darf kein Leim in den Poren bleiben. Sonst gibt es später beim Beizen und Lackieren hässliche Flecken.« So ganz nebenbei lernte ich mal wieder so einiges dazu. Eines vor allem: Man leimt nicht mal eben so ein Möbel zusammen. Das wird nur Pfusch.

Aber so lange dauerte es dann auch wieder nicht, und da stand meine Kommode neu zusammengesetzt da, von lauter Zwingen und Knechten umkränzt. Sah toll aus. Noch mal prüfen, noch mal messen, die eine oder andere Zwinge noch ein bisschen fester ziehen, den quellenden Leim gleich wieder abwaschen, so ging das noch ein Weilchen. Aufräumen, Pinsel waschen. »So, Schluss für heute, morgen früh hat der Leim abgebunden. Dann können wir die Zwingen wieder abnehmen. Und dann zeige ich dir, wie man die Beize aufträgt.« Also, ich war verdammt zufrieden, an diesem Samstag war es richtig vorangegangen.

Viel fehlt nicht mehr, doch erst das Beizen und die Oberflächenbehandlung sind der krönende Abschluss der mühevollen Arbeit.

Am Sonntagmorgen ging es gleich weiter. Ich schraubte die Zwingen ab. Dann steckte ich die Schublade ein und stellte die zwei Türen dazu. Zum ersten Mal erblickte ich das Möbel wieder komplett. Aber so würde es ja nicht bleiben, die silbergraue Beize wartete ja schon. Ich untersuchte die Leimstellen. An einigen Stellen war tatsächlich etwas Zeitungspapier haften geblieben. Das schliff ich ab. »So, dann kann's ja weitergehen!«, rief mein Vater mir zu, er schien auch gespannt zu sein.

»Also, hier habe ich eine alte Schale aus Porzellan und einen breiten Pinsel mit langen Borsten zum Auftragen der Beize. Aber erst einmal kommt die Vorbehandlung.« Was war das nun wieder? »Vor dem Beizen wird das Holz gewässert, also gut angefeuchtet. Dann muss es gut trocknen.« Und warum das? »Durch das Wässern richten sich viele Holzfasern auf. Das Holz ist dann wieder etwas rauer. Nach einem Feinschliff ist es wieder ganz glatt. Und wenn du dann deine Wasserbeize aufträgst, bleibt es auch glatt. Darum sollte man bei Wasserbeizen vorher immer noch mal wässern.« Na gut, alles noch mal abwaschen. Und natürlich wieder warten, bis das Holz getrocknet war. Ich hätte am liebsten einen Fön geholt. Aber nach dem Mittagessen war es so weit. Mein Vater machte es mir kurz vor. Dann legte ich los. Der Pinsel wird gut mit Beize getränkt und fährt dann leicht und großzügig übers Holz, am besten mehrfach. In Ecken und Kanten kommt man ganz leicht. Das Auftragen geht sehr schnell. In wenigen Minuten verwandelt sich das Holz, an dem du ewig rumgeschliffen hast, unter deinen Händen. Wenn dir jetzt die Farbe gefällt, die du dir ausgesucht hast, bist du glücklich. Wenn nicht, bist du zu bedauern. Vor bösen Überraschungen kann man sich aber leicht schützen, indem man die Beize vorher an einem kleinen Holzstück ausprobiert. Solange die Beize noch feucht ist, sieht die Fläche so aus wie nach der späteren Lackierung.

Anders als Farben und Lacke dringt die Beize ins Holz ein und färbt es durch und durch. Beize ist dünnflüssig, also sollten die Flächen, die gerade bearbeitet werden, waagerecht liegen. Überschüssige Beize nimmt man nach kurzer Einwirkzeit mit einem alten Lappen ab. Das ist eigentlich schon das Wichtigste. Den Rest macht die Übung. Ich war richtig in Schwung, hochkonzentriert – und ich merkte schnell:

Dieses Silbergrau gefiel mir wirklich. Es machte aus dem Holz etwas ganz Besonderes, und die Maserung erschien doppelt so deutlich wie zuvor. Fast hätte ich vergessen, meine Möbelfüße mitzubeizen. Mein Vater war ganz still geblieben. »Na, zufrieden?«, fragte er jetzt. »Ja, zufrieden«, antwortete ich.

»Weißt du was«, meinte mein Vater beim Kaffeetrinken, »wir leimen nachher noch die Möbelfüße unter den Rahmen, passen die Rückwand ein und verschrauben sie einfach. Und dann, schlage ich vor, bringen wir dein Teil nächste Woche in die Tischlerei, zum Lackieren. Die spritzen das mit der Pistole, so gut kriegst du das mit dem Pinsel nie hin. Und die machen dir auch gleich noch einen neuen Einlegeboden aus Kiefernholz. Und wir beide können nachher noch das Schloss säubern und ölen. Was meinst du?«

»Gute Idee«, sagte ich. Nach dem arbeitsreichen Wochenende gefiel mir die Aussicht auf weniger Arbeit.

»Die hast du allein aufgearbeitet?« Der Meister staunte nicht schlecht. »Na ja, fast allein«, erwiderte ich. Er hatte versprochen, mein Möbel noch in derselben Woche zu lackieren. Ich hatte mir bei ihm einige Holz- und Lackproben angesehen. »Seidenmatt glänzend« hatte mir am besten gefallen. Und den Boden würde er auch gleich zusägen und einpassen.

Und tatsächlich, am Samstagvormittag hielt sein Lieferwagen vor unserer Tür. Der Meister brachte mein neues Möbel. Im Flur nahm er die Möbeldecke ab – und da stand sie, meine neue Kommode. Und das war nun wirklich der beste Kommodenmoment, den ich hatte. Sie sah einfach noch besser aus als das Bild, das ich all die Tage im Kopf hatte. Durch den Lack erst entfaltete der Beizton seine ganze Wirkung. Die Kommode sah aus wie eine kleine Berghütte. Am Nachmittag stellten wir sie in mein Zimmer und ich begann, meine Sachen einzuräumen. Aber manchmal saß ich auch einfach nur davor und betrachtete selig das graue Holz ...

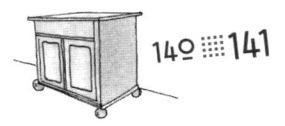

# ZERTIFIKATE
# WAS SIND HOLZZERTIFIKATE?

Ein Zertifikat ist eine Urkunde, ein Zeugnis oder eine Bescheinigung. Holzzertifikate sollen dem Verbraucher die Gewissheit geben, dass das Holz, das er kauft, aus einer umweltschonenden Bewirtschaftung der Wälder gewonnen wurde. Darüber hinaus sollen die Zertifikate aber auch den weiteren Weg der Bearbeitung bis hin zum fertigen Produkt begleiten und kontrollieren. Mit den Zertifikaten sollen also der Raubbau an der Natur eingedämmt und die Prinzipien einer nachhaltigen Forst- und Holzwirtschaft durchgesetzt werden. Wie schwierig und kompliziert das ist, lässt sich wohl erahnen.

Das erste Verfahren zur Zertifizierung entwickelte der Forest Stewardship Council (FSC). 1993 gegründet, hat die weltweit arbeitende Organisation ihren Hauptsitz seit 2003 in Bonn. Das FSC-Siegel ist am weitesten verbreitet und heute sehr bekannt und anerkannt. Es gibt aber auch Konkurrenten wie das PEFC (*Programme for the Endorsement of Forest Certification Schemes*).

Holzverarbeitende Unternehmen beantragen die Zertifizierung und lassen die notwendigen Prüfungen vornehmen. Und sie bezahlen das alles auch. Keine gute Lösung, wenden da manche Kritiker ein, die um die Unabhängigkeit und Strenge der Organisationen fürchten. Aufsehen erregte im Februar 2011 der Beitrag eines Fernsehmagazins. Aufnahmen zeigten großflächige Kahlschläge eines großen schwedischen Papierherstellers. Das Unternehmen verkauft seine Produkte nämlich mit dem Zertifikat des FSC. Ein Grund, das Siegel in Bausch und Bogen zu verdammen, ist das sicher nicht. Der Fall mag zeigen, dass wir trotz aller

Bemühungen und Initiativen erst am Anfang stehen, dass der Weg zu einem nachhaltigen Umgang mit unseren Wäldern noch lang sein wird. Eine große Aufgabe für die Zukunft, denn die Nutzung des Holzes soll und wird ja zunehmen, weil es ein nachwachsender Rohstoff ist, der uns helfen kann, den Ausstoß an Kohlendioxid zu mindern.

Der Anteil der zertifizierten Waldflächen liegt in Deutschland mittlerweile bei etwa 70 Prozent, überwiegend nach den Richtlinien des PEFC (rund 7 Millionen Hektar), deutlich weniger Wälder sind FSC-zertifiziert (rund 400 000 Hektar). Weltweit gesehen hat der Anteil der zertifizierten Flächen zwar erheblich zugenommen, liegt jedoch auch heute erst bei rund 8 Prozent aller Waldflächen.

# ZUM SCHLUSS: WIE MAN ANFANGEN KANN

Für viele Menschen ist es hier wie im Paradies. Manche stehen hier ganz ruhig und wie versunken vor den Regalen, nehmen die Werkzeuge und Dosen in die Hand und begutachten sie kritisch von allen Seiten. Das sind die Profis. Die anderen sind genervt, hektisch und suchen hilflos nach Beratung. Das sind die Laien. Wir befinden uns in einem unserer Baumärkte. Und die sind ja wirklich groß genug, um schon einmal die Orientierung zu verlieren. Dafür findet der Bastler dann aber auch (fast) alles, was er braucht. Natürlich auch so manches, was eigentlich kein Mensch braucht.

An den Regalen sind die kleinen Bildschirme montiert. Auf denen laufen die kurzen Werbefilme für die neuen Produkte. Verheißungsvolle Botschaften begleiten die Anleitungen: »ganz einfach«, »sauber und schnell«, »leicht gemacht«, »wie neu«, »wenige Handgriffe, und schon fertig«. Muss man nicht glauben. In Wirklichkeit ist alles etwas mühsamer und dauert länger als geplant. Verführerisch aber wird es bei den Werkzeugen. Sägen, Hobel, Stemmeisen und Bohrer, in allen Ausführungen machen sie Lust auf die Arbeit mit Holz. Gute Arbeitsgeräte haben ihren Preis, halten ihr Versprechen dann aber auch über Jahre. Neben den Handwerkzeugen beginnt in den meisten Baumärkten der Bereich mit den elektrischen Helfern: Bohrmaschinen, Stichsägen, Schleifmaschinen, kleine Band- und Kreissägen, Kapp- und Gehrungssägen, Kompressoren und Lackierpistolen, zu allem eine Vielzahl von Zubehör. In all diese Instrumente und Maschinen kann man sich leicht vernarren. Sie erzeugen Bilder im Kopf von der eigenen Idee und wie man sie verwirklicht.

Wir haben in diesem Buch so einige Holzwelten durchstreift. Und wenn dabei so mancher Leserin, so manchem Leser der Gedanke in den Kopf gekommen sein sollte, **ES SELBST EINMAL ZU VERSUCHEN MIT DEM HOLZ**, zu sägen, zu bohren und zu leimen und am Ende ein ganz eigenes Gebilde gebaut zu haben, so wäre das wohl das beste Schlusswort. Aber wie macht man das? In den Baumarkt gehen und gucken, was es da so gibt? Nein, besser nicht, besser anders herum. Erst wenn man weiß, was man will und was man braucht, ist der Gang zum Baumarkt angesagt. Bastel- und Werkbücher sind da schon besser. Sie sind voller Anregungen und wirklich hilfreicher Anleitungen. Viele präsentieren Arbeiten ganz unterschiedlicher Schwierigkeitsgrade und vergessen auch die Anfänger nicht.

Aber es gibt noch einen Weg. Und der hat viel für sich, auch wenn er auf den ersten Blick recht mutig aussehen mag. Anfangen wie die Profis. Mit dem Kopf. Dazu braucht es nur zweierlei: **PAPIER UND BLEISTIFT**. Dann geht es los. Der Bleistift gleitet über das Papier, freihändig. **EIN ENTWURF WIRD GEZEICHNET**. Gut, mit einem Stuhl sollte man nicht gerade beginnen, viel zu schwierig, schwieriger als ein Wolkenkratzer. Vielleicht ein Regal? Mit dem Bleistift in der Hand überlegt es sich besser. Wie kann ich das machen? Geht es einfacher? Dann der zweite Entwurf. Wie lang muss das sein? Wie breit? Sieht das aus? Wird das nicht viel zu schwer? Kann mir jemand helfen? Was muss ich kaufen? Dann vielleicht noch ein dritter Entwurf. Schon die Arbeit mit dem Kopf macht Spaß. Und sie vermeidet Fehler. Davon macht man nämlich ohnehin noch genug, die meisten aber nur einmal. Sich ärgern, weitermachen, sich durchwursteln, bis einem gefällt, was man da fabriziert. Ehrlicherweise muss man sagen: Mit Holz zu arbeiten braucht viel, viel Übung. Aber mit dem Entwurf fängt alles an. Er macht Lust, es einfach mal zu probieren.

Das Holz hilft dabei. Es hat so seine Eigenheiten, es ist ein lebendiges, lebhaftes Material. Das war immer wieder Thema in diesem Buch. Wer mit Holz arbeitet, muss viel darüber wissen. Das muss den Anfänger aber gar nicht abschrecken. Denn Holz ist auch ein freundliches Material, es verzeiht Fehler. Wer ein wenig Gefühl dafür entwickelt, macht vieles automatisch richtig. **HOLZ MACHT DIE HÄNDE SCHLAU**.

# GENUG GELESEN: AN DIE ARBEIT!

Fast fertig:
Drei Windwagen
aus leichtem Abachi-
Holz in der Werkstatt.
Nur noch die Segel
setzen ...

# DANKE!

Oft hilft beim Schreiben nur das Telefon. Ich bedanke mich bei vielen Gesprächspartnern für hilfreiche Hinweise. **STEFFEN HICKEL**, Instrumentenbauer aus Tübingen, wusste über die Hölzer für Flöte und Geige zu erzählen. **RAINER HOFFRAGE**, Maler und Architekt aus Langen, bestätigte mich in meiner Vermutung über die Liebe der Künstler zum Holz. **DR. JANA GELBRICH** vom Nassholzlabor des Deutschen Schiffahrtsmuseums in Bremerhaven gab Auskunft über Stärken und Schwächen der Hansekogge. **UWE LICKFETT**, Ingenieur aus Völpcke, machte mir klar, wie kompliziert der Bau von Heizanlagen ist.

Noch schöner und lehrreicher sind Besuche und Besichtigungen. **DR. KARL-UWE HEUSSNER**, Dendrochronologe und Holzforscher am Deutschen Archäologischen Institut in Berlin, zeigte mir mit Temperament, wie und was er aus den Jahresringen liest. Der **GLUNZ AG** und dem Leiter des Werkes in Nettgau, **ALFRED ENGELSHOVE**, danke ich für das freundliche Angebot zur Werksbesichtigung. **OLAF KLINKERT**, dortiger Produktmanager für Rohholz, gilt mein Dank für einen ebenso ausgiebigen wie interessanten Rundgang. Besonders bedanke ich mich bei **ULRICH DUBE**, Beamter im Forstamt Münden der Niedersächsischen Landesforsten. Er war mein kenntnisreicher Begleiter zwischen Baum und Wald, nicht in Verlegenheit zu bringen, auf jede Frage eine Antwort, selbst wenn der Trauerschnäpper aus dem Gebüsch flog.

Zu guter Letzt bedanke ich mich bei **MALTE RITTER**, meinem Lektor im Verlag, für seine Umsicht, seinen Einsatz und eine reibungslose Zusammenarbeit vom Zuschnitt bis zum Feinschliff. Für den aber hat mit sicherem Blick und Arbeit am Detail auch die Gestalterin **MANJA HELLPAP** aus Berlin gesorgt. Thank you very much!

Dies ist ein Buch voller Erinnerungen. *Gewidmet* ist es **CHRISTIAN UND GABRIEL UND MATHILDA** aus Hamburg, die erst noch ein wenig wachsen müssen, um die Bäume zu verstehen und die Waldesstille zu genießen. *Reinhard Osteroth, Berlin, im Mai 2011*

## BILDNACHWEIS

buga-gera.info **24** Deere & Company **124** denkmalpflege.bremen.de **96** Deutsches Archäologisches Institut, P. Grunewald **131** Deutsches Geoforschungszentrum, Potsdam **135** Eckhard Lipinski, Ettlingen **103** Fotolia **Vorsatz, 14, 16, 36, 42, 86, 95, 106, 111, 143, Nachsatz** Glunz AG **80, 81, 87** Instrument Bank of the Canada Council for the Arts **109** instrumentenbauschule.eu **113, 115** Kleinschmidt, H., *Menschen im Wald. Waldnutzungen vom Mittelalter bis heute in Bildern*, Husum 2007, S. 31 **39, 40** Kvam, R., *Im Schatten. Die Geschichte des Hjalmar Johansen, des »dritten Mannes« zwischen Fridtjof Nansen und Roald Amundsen*, Berlin 1999, S. 39 **101** Kwadriga **58 unten** MVV Energie AG **43** Reinhard Osteroth **12, 46, 79, 88, 89, 100, 139, 147** sawadeeDesign **58 oben** schneider-wenk.ch **114** Schutzgemeinschaft Deutscher Wald **48** Stiegel, A., *Präzision und Hingabe. Möbelkunst von Abraham und David Roentgen*, Berlin 2007, S. 41 **53** Thonet GmbH **55, 56 oben** Ullstein Bild **125, 127** Universität Bern **132** Wikimedia **3, 5, 19, 20, 21, 29, 30, 31, 38, 41, 49, 57, 59, 60, 61, 62, 64, 66, 67, 72, 76, 77 oben, 90, 91, 93, 116, 121, 134**

**REINHARD OSTEROTH** lebt als freier Autor und Journalist in Berlin. Der studierte Historiker schreibt u.a. für *DIE ZEIT*. Zu den Schwerpunkten seiner Arbeit gehören Kultur- und Technikgeschichte. Zuletzt sind von ihm erschienen *Erfinderwelten. Eine kurze Geschichte der Technik* (2008) und *Deutschland. Eine Kreuz- und Querreise* (2010).

**MOIDI KRETSCHMANN** studierte an der Universität für künstlerische und industrielle Gestaltung in Linz. Sie war viele Jahre als Kostümbildnerin und Modedesignerin tätig. Heute arbeitet sie als freie Illustratorin in Wien.